RETENÇÃO DE TRIBUTOS
IR · PIS · COFINS · CSLL · INSS e ISS

Francisco Coutinho Chaves

RETENÇÃO DE TRIBUTOS
IR · PIS · COFINS · CSLL · INSS e ISS

SÃO PAULO
EDITORA ATLAS S.A. – 2014

© 2014 by Editora Atlas S.A.

Capa: Nilton Masoni
Composição: Formato Serviços de Editoração Ltda.

Dados Internacionais de Catalogação na Publicação (CIP)
(Câmara Brasileira do Livro, SP, Brasil)

Chaves, Francisco Coutinho
Retenção de tributos: (IR, PIS, COFINS, CSLL, INSS e ISS) / Francisco Coutinho Chaves - - São Paulo: Atlas, 2014.

Bibliografia.
ISBN 978-85-224-9123-0
ISBN 978-85-224-9124-7 (PDF)

1. Direito tributário – Legislação – Brasil 2. Direito tributário – Brasil 3. Impostos – Brasil I. Título.

14-05152
CDU-34:336.2.027.55(81)

Índice para catálogo sistemático:

1. Brasil : Contribuições : Retenção na fonte : Direito tributário   34:336.2.027.55(81)

TODOS OS DIREITOS RESERVADOS – É proibida a reprodução total ou parcial, de qualquer forma ou por qualquer meio. A violação dos direitos de autor (Lei nº 9.610/98) é crime estabelecido pelo artigo 184 do Código Penal.

Depósito legal na Biblioteca Nacional conforme Lei nº 10.994, de 14 de dezembro de 2004.

Impresso no Brasil/*Printed in Brazil*

Editora Atlas S.A.
Rua Conselheiro Nébias, 1384
Campos Elísios
01203 904 São Paulo SP
011 3357 9144
atlas.com.br

À minha querida Rosário, companheira de todas as horas, de quem recebo muito apoio.

Aos meus filhos, Ricardo, Rodrigo e Bia, e, como não poderia deixar de ser, aos meus queridos netos, Marco Antônio, Mateus e Davi, razão da minha vida.

O Autor

AGRADECIMENTOS

Em primeiro lugar, aos meus pais já falecidos, Alcêncio Lira Chaves e Antônia Edmilsa Coutinho Chaves, que, mesmo com as dificuldades do agricultor do interior cearense, souberam compreender a importância do conhecimento e me apoiaram e me incentivaram nos meus estudos.

Por fim, agradeço ao Prof. José Ferreira Silva Bastos, Diretor-Presidente do Instituto Brasileiro de Empreendedorismo, Sustentabilidade, Tecnologia e Inovação – IBESTI, pela gentileza de fazer a revisão dos originais.

O Autor

SUMÁRIO

1 Imposto de Renda sobre Rendimentos de Residentes ou Domiciliados no País, 1
   1.1 Introdução, 1
   1.2 Contribuinte, obrigações tributárias e responsável, 1
   1.3 Imposto de Renda, 8
      1.3.1 Da competência, 8
      1.3.2 Comentários, 8
      1.3.3 Retenção na Fonte, 9
         1.3.3.1 Das penalidades pela não retenção, 11
         1.3.3.2 Rendimento do trabalho assalariado no país, 13
            1.3.3.2.1 Dos pagamentos de rendimentos do trabalho assalariado mencionados no item 1, 14
         1.3.3.3 Rendimento do trabalho de ausente no exterior a serviço do país, 35
         1.3.3.4 Rendimentos do trabalho sem vínculo empregatício, 38
         1.3.3.5 Rendimento decorrente de decisão da Justiça do Trabalho, exceto aqueles referentes a aposentadorias e pensões, 43
         1.3.3.6 Rendimentos acumulados referentes a aposentadoria e outros, 47
         1.3.3.7 Resgate de previdência privada e Fapi, 49
      1.3.4 Rendimentos sobre capitais, 59
         1.3.4.1 Aluguéis, *royalties* e juros pagos a pessoa física, 59
            1.3.4.1.1 Dos pagamentos de aluguéis, 59

1.3.4.1.2   Dos pagamentos de *royalties*, 60

1.3.4.1.3   Dos pagamentos dos juros, 61

1.3.4.2   Juros sobre capital próprio, 62

1.3.4.3   Outros rendimentos de capitais, 63

1.3.4.3.1   Aplicações financeiras de renda fixa, exceto em fundos de investimento – pessoa jurídica, 64

1.3.4.3.2   Aplicações financeiras de renda fixa, exceto em fundos de investimento – pessoa física, 65

1.3.4.3.3   Fundos de investimento e fundos de investimento em quotas de fundos de investimento, 66

1.3.4.3.4   Fundos de investimento em ações e fundos de investimento em quotas de fundos de investimento em ações, 67

1.3.4.3.5   Fundos de investimento imobiliário, 67

1.3.4.3.6   Fundos de Investimento Cultural e Artístico (Ficart) e demais rendimentos de capital, 68

1.3.4.3.7   Rendimentos de partes beneficiárias ou de fundador, 68

1.3.4.3.8   Operações de *swap*, 69

1.3.4.3.9   Operações *day trade*, 69

1.3.4.3.10   Mercado de renda variável, 69

1.3.4.4   Outros rendimentos, 70

1.3.4.4.1   Rendimentos de serviços profissionais prestados por pessoas jurídicas, 70

1.3.4.4.2   Serviços de limpeza, conservação, segurança, vigilância e locação de mão de obra, 74

1.3.4.4.3   Mediação de negócios, propaganda e publicidade, 74

1.3.4.4.4   Pagamentos a cooperativas de trabalho e associações profissionais ou assemelhadas, 74

1.3.5   Vencimentos do código das receitas a serem informadas nas obrigações acessórias, 75

2   Imposto de Renda sobre Rendimentos de Residentes ou Domiciliados no Exterior, 78

2.1   Aluguéis, *royalties* e assistência técnica, 78

2.1.1   Dos serviços técnicos e assistência técnica e administrativa, 78

2.1.2   Da remuneração de direitos, inclusive transmissão por meio de rádio ou televisão, 79

2.1.2.1   Comentários gerais, 79

2.1.2.2   Paraísos fiscais, 79

2.1.3 Dos *royalties*, 79

2.1.4 Dos créditos, 80

2.2 Rendimentos de aplicações em fundos de investimento de conversão de débitos externos, 80

2.3 Dos rendimentos de financiamentos, 81

2.3.1 Juros e comissões referentes a empréstimos e financiamentos, 81

2.3.2 Juros e comissões decorrentes de compras a prazo, 81

2.3.3 Juros e comissões decorrentes de prestação de serviço, 82

2.3.4 Não existência de imposto de renda, 82

2.3.5 Residente, domiciliado ou com sede em paraísos fiscais, 82

2.4 Juros sobre capital próprio, 83

2.5 Dos rendimentos de imóveis, 83

2.5.1 Comentário geral, 83

2.5.2 Residente, domiciliado ou com sede em paraísos fiscais, 84

2.5.3 Contrato de arrendamento mercantil, 84

2.6 Aplicações em fundos ou entidades de investimento coletivo, aplicações em carteiras de valores mobiliários, aplicações financeiras nos mercados de renda fixa ou renda variável, 84

2.7 Renda e proventos de qualquer natureza, 86

2.7.1 Comentários gerais, 86

2.7.2 Da isenção e não incidência, 87

2.8 Das películas cinematográficas, 88

2.8.1 Da tributação, 88

2.8.2 Dos incentivos fiscais, 88

2.9 Dos fretes internacionais, 90

2.9.1 Comentários gerais, 90

2.9.2 Paraísos fiscais, 90

2.10 Serviços de transporte rodoviário internacional de carga, auferidos por transportador autônomo pessoa física, residente na República do Paraguai, considerado como sociedade unipessoal nesse país, 90

2.11 Benefício ou resgate de previdência privada e Fapi, 91

3 Retenção de PIS/PASEP, COFINS, CSLL, INSS e ISS, 92

3.1 Retenção das contribuições para o PIS/PASEP, COFINS, CSLL, 92

3.2 Retenção da contribuição para o INSS, 101

3.2.1 Retenção de 11% entre pessoas jurídicas, na prestação de serviços mediante cessão ou empreitada de mão de obra, 101

3.2.2 Conceito de cessão de mão de obra, 101

3.2.3 Conceito de empreitada, 101

3.2.4 Serviços sujeitos à retenção, 101

3.2.5 Base de cálculo, 102

    3.2.5.1 Contrato com previsão de fornecimento de material ou utilização de bens, 103

    3.2.5.2 Quando no contrato não existir a previsão de fornecimento de material ou utilização de bens, 103

    3.2.5.3 Emissão da nota fiscal, 104

    3.2.5.4 Responsável pela retenção e pelo recolhimento, 104

    3.2.5.5 Retenção na prestação de serviços em condições especiais, 104

    3.2.5.6 Vencimento e recolhimento do INSS, 112

    3.2.5.7 Empresa optante pelo Simples Federal, 113

    3.2.5.8 Dispensa de retenção do INSS, 113

    3.2.5.9 Casos com subcontratação, 114

    3.2.5.10 Obrigações acessórias (empresa contratada e contratante), 119

    3.2.5.11 Construção civil, 121

    3.2.5.12 Compensação/restituição, 122

3.3 Retenção conjunta de IRPJ e contribuições sobre rendimentos pagos por órgãos e entidades da administração pública federal a outras pessoas jurídicas – sobre rendimentos conforme tabela de códigos e percentuais específicos, 124

3.4 Retenção de ISS, 129

Bibliografia, 133

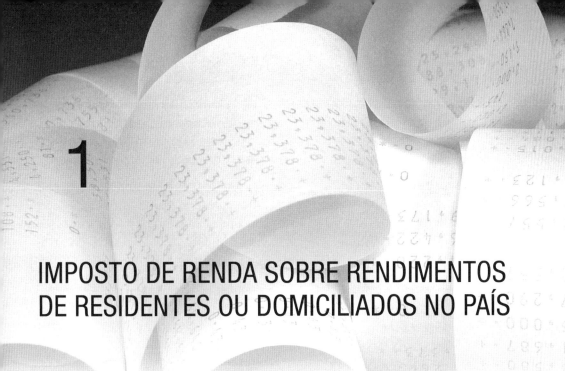

1 IMPOSTO DE RENDA SOBRE RENDIMENTOS DE RESIDENTES OU DOMICILIADOS NO PAÍS

1.1 INTRODUÇÃO

O legislador, nos últimos anos, tem procurado transferir para a fonte pagadora a responsabilidade pela obrigação tributária principal através da retenção de diversos tributos, tais como: IRRF, COFINS, PIS/PASEP, CSLL, INSS e ISS, porque assim agiliza a arrecadação e o controle dos tributos.

A substituição tributária é instrumento importante no combate à sonegação fiscal; dessa forma a tendência é a concentração das obrigações pelo recolhimento dos tributos.

Com efeito, essa prática sobrecarrega as pessoas jurídicas de obrigações acessórias e aumenta sobremaneira as responsabilidades, pois, em alguns casos, a falta da retenção representa sérias consequências, surgindo a possibilidade de pagar multa de ofício, mesmo que o contribuinte pague o imposto.

1.2 CONTRIBUINTE, OBRIGAÇÕES TRIBUTÁRIAS E RESPONSÁVEL

O contribuinte é qualquer pessoa física ou jurídica que realiza operações caracterizadas como fato gerador de determinados tributos.

Consoante a letra *a* do inciso III do art. 146 da Constituição Federal, a lei que institui o tributo define, além do fato gerador e da base de cálculo, quem é o contribuinte, ou seja, a pessoa física ou jurídica que praticar determinado ato será o sujeito passivo de uma obrigação tributária.[1]

Em qualquer análise a ser feita sobre determinado tributo, é importante identificar quem é o contribuinte, pois somente ele é parte legítima para questionar a legalidade sobre a cobrança do tributo. Nas operações em que surge um fato gerador de determinado tributo sempre haverá o sujeito ativo e passivo da obrigação tributária principal, sendo o último o contribuinte.

O sujeito ativo da obrigação tributária será sempre uma pessoa jurídica de direito público, ou seja, aquela que tem competência para instituir e cobrar o tributo, conforme o art. 119 do Código Tributário Nacional.[2] O sujeito passivo responsável pelo cumprimento da obrigação principal, originalmente será o contribuinte ou poderá ser transferido para um terceiro envolvido na operação, de acordo com a lei que instituiu e regulamentou o tributo, conforme o art. 121 do Código Tributário Nacional.[3]

A transferência da responsabilidade pela obrigação tributária, conhecida como substituição tributária, foi instituída pelo art. 128 do Código Tributário Nacional, a ser regularizado por leis infraconstitucionais.

---

[1] Art. 146. Cabe à lei complementar:

I – dispor sobre conflitos de competência, em matéria tributária, entre a União, os Estados, o Distrito Federal e os Municípios;

II – regular as limitações constitucionais ao poder de tributar;

III – estabelecer normas gerais em matéria de legislação tributária, especialmente sobre:

a) definição de tributos e de suas espécies, bem como, em relação aos impostos discriminados nesta Constituição, a dos respectivos fatos geradores, bases de cálculo e contribuintes;

b) obrigação, lançamento, crédito, prescrição e decadência tributários;

c) adequado tratamento tributário ao ato cooperativo praticado pelas sociedades cooperativas.

[2] Art. 119. Sujeito ativo da obrigação é a pessoa jurídica de direito público, titular da competência para exigir o seu cumprimento.

[3] Art. 121. Sujeito passivo da obrigação principal é a pessoa obrigada ao pagamento de tributo ou penalidade pecuniária.

Parágrafo único. O sujeito passivo da obrigação principal diz-se:

I – contribuinte, quando tenha relação pessoal e direta com a situação que constitua o respectivo fato gerador;

II – responsável, quando, sem revestir a condição de contribuinte, sua obrigação decorra de disposição expressa de lei.

O legislador poderá transferir a responsabilidade pela obrigação tributária principal ao terceiro envolvido na operação e, opcionalmente, poderá manter o contribuinte com responsabilidade subsidiária.[4]

No que concerne à responsabilidade subsidiária, nos casos do não recolhimento dos valores retidos pela pessoa jurídica substituta, a Procuradoria deve ingressar com a execução fiscal contra ela, depois de esgotadas todas as possibilidades de êxito, e deve direcionar para o contribuinte.

As possibilidades de êxito na execução fiscal serão esgotadas quando não forem localizados bens móveis e imóveis, disponibilidades financeiras, inclusive de propriedade dos sócios da executada, se for o caso de existir responsabilidade solidária, de acordo com o art. 135 do Código Tributário Nacional.[5]

Dessa forma, de acordo com o art. 128 do Código Tributário Nacional, no caso de o responsável ser aquele para quem a lei transferiu a obrigação tributária principal, ainda que não revestido da condição de contribuinte, não se liquida a dívida, e não tendo dinheiro ou bens para tal, essa obrigação tributária volta para o contribuinte. Com efeito, o redirecionamento da execução só poderá ocorrer depois de esgotadas as possibilidades de o responsável pelo cumprimento da obrigação não ter condições de solver a dívida.

Com a leitura do art. 128 do Código Tributário Nacional, não resta qualquer dúvida de que não pode existir lei que transfira a responsabilidade pela obrigação tributária principal, atribuindo a responsabilidade solidária, para o contribuinte.

Com a decisão do Recurso Especial nº 1.131.047, o Superior Tribunal de Justiça afasta não somente a responsabilidade solidária, mas inclusive a subsidiária nos casos da Previdência sobre a cessão de mão de obra após a vigência da Lei nº 9.711/98.

Veja a seguir a Ementa da decisão no Recurso Especial nº 1.131.047, transcrita de forma literal:

---

[4] Art. 128. Sem prejuízo do disposto neste capítulo, a lei pode atribuir de modo expresso a responsabilidade pelo crédito tributário a terceira pessoa, vinculada ao fato gerador da respectiva obrigação, excluindo a responsabilidade do contribuinte ou atribuindo-a a este em caráter supletivo do cumprimento total ou parcial da referida obrigação.

[5] Art. 135. São pessoalmente responsáveis pelos créditos correspondentes a obrigações tributárias resultantes de atos praticados com excesso de poderes ou infração de lei, contrato social ou estatutos:

I – as pessoas referidas no artigo anterior;

II – os mandatários, prepostos e empregados;

III – os diretores, gerentes ou representantes de pessoas jurídicas de direito privado.

RECURSO ESPECIAL Nº 1.131.047 – MA (2009/0058138-0)

RELATOR: MINISTRO TEORI ALBINO ZAVASCKI

RECORRENTE: ATLÂNTICA SEGURANÇA TÉCNICA LTDA.

ADVOGADO: FRANCISCO COUTINHO CHAVES E OUTROS

RECORRIDO: FAZENDA NACIONAL

ADVOGADO: PROCURADORIA-GERAL DA FAZENDA NACIONAL

INTERES.: SERVIÇO SOCIAL DO COMÉRCIO – SESC

INTERES.: SENAC – SERVIÇO NACIONAL DE APRENDIZAGEM
COMERCIAL

EMENTA

TRIBUTÁRIO. RESPONSABILIDADE. RETENÇÃO E
RECOLHIMENTO DE CONTRIBUIÇÃO PREVIDENCIÁRIA.
FORNECEDOR E TOMADOR DE MÃO DE OBRA. ART. 31 DA
LEI 8.212/91, COM A REDAÇÃO DA LEI 9.711/98.

1. A partir da vigência do art. 31 da Lei 8.212/91, com a redação dada pela
Lei 9.711/98, a empresa contratante é responsável, com exclusividade, pelo
recolhimento da contribuição previdenciária por ela retida do valor bruto da nota fiscal ou fatura de prestação de serviços, afastada, em relação
ao montante retido, a responsabilidade supletiva da empresa prestadora,
cedente de mão de obra.

2. Recurso especial parcialmente conhecido e, nesta parte, provido.

Acórdão sujeito ao regime do art. 543-C do CPC e da Resolução STJ
08/08.

O art. 128 do CTN autoriza o Fisco a fazer a opção da transferência da responsabilidade do contribuinte para um terceiro envolvido na operação, mas não
constitui uma determinação. Com efeito, cabe ao legislador analisar, de acordo
com o setor da economia, qual das partes envolvidas em determinada operação
teria maior capacidade de assumir a responsabilidade pela obrigação principal,
e assim transferi-la a ele, mas de forma definitiva.

Ainda sobre a transferência da responsabilidade da obrigação tributária principal, não é justo que aquele que já pagou o tributo através da retenção continue
como responsável por uma obrigação transferida para terceiro pelo próprio le-

gislador. Nos últimos tempos, essa tem sido uma prática constante, por parte do Fisco, exatamente para reduzir a sonegação fiscal, ou seja, concentrando a responsabilidade pela obrigação principal nas fontes pagadoras, pois teoricamente tem um poder econômico maior. Ocorre que, às vezes, a fonte pagadora poderá passar por dificuldades financeiras, podendo chegar ao estado de insolvência, dessa forma não cumprindo suas obrigações.

A insolvência de uma empresa poderá ocorrer por questões alheias à vontade dos administradores, que pode ocorrer em função de uma crise no setor e tantas outras causas, mas também pode ser por descontrole administrativo com gastos excessivos, falta de controle financeiro. Diante das possíveis causas da falência de uma empresa, será que o contribuinte deve ser responsabilizado duas vezes pelo mesmo tributo, quando na verdade o Fisco já transferiu a responsabilidade pelo recolhimento do imposto para um terceiro, por ter maior confiança nele?

Com efeito, vão existir aqueles que defendem que o contribuinte tem o direito a uma ação de regresso contra a fonte pagadora.

Ora, se a Fazenda, que tem uma lei de execução privilegiada com a finalidade de tornar mais eficaz a arrecadação, não logra êxito, como a pessoa jurídica de direito privado, depois de esgotadas todas as possibilidades da Fazenda, ainda vai conseguir algo?

Sobre a transferência da responsabilidade e mantendo para o contribuinte, mas de forma supletiva, cita Maria Magdalena Fernandes de Medeiros, em artigo sobre Responsabilidade tributária, o seguinte:

> "A lei pode atribuir de modo expresso a responsabilidade pelo crédito tributário a terceira pessoa, vinculada ao fato gerador da respectiva obrigação, excluindo a responsabilidade do contribuinte ou atribuindo-a a este em caráter supletivo do cumprimento total ou parcial da referida obrigação" (art. 128, CTN).[6]

O Ministro Benedito Gonçalves no seu voto no Resp. 1119205/MG sustenta que, no caso da operação de compra e venda sujeito a substituição tributária em que o responsável substituto não recolheu o tributo retido e não houve má-fé por parte do vendedor, a Fazenda pode tomar as medidas cabíveis conforme a seguir.

Veja voto do Ministro a seguir:[7]

---

[6] Disponível em: <http://www.direitonet.com.br/artigos/exibir/3602/Responsabilidade-tributaria>.

[7] Disponível em: <http://www.nacionaldedireito.com.br/jurisprudencia/9364/tribut-rio-embargos-de-diverg-ncia-em-recurso-especial-icms-quebra-de-diferimento-responsabiliza>.

O SENHOR MINISTRO BENEDITO GONÇALVES (Relator): Conforme relatado, os presentes embargos de divergência têm por escopo dirimir dissenso interno quanto à possibilidade de, nos casos de diferimento tributário em que o comprador é posteriormente reconhecido como inidôneo, responsabilizar o vendedor de boa-fé ao pagamento do tributo.

Inicialmente, tenho que o dissídio jurisprudencial está suficientemente demonstrado.

O acórdão embargado sustenta que o diferimento tributário é um benefício ao produtor rural, cabendo a ele o dever de cuidado de comercializar com pessoas idôneas e de fiscalizar, juntamente com o Fisco, o adimplemento das obrigações tributárias pela substituta, sob pena de responsabilização do débito, ainda de que de boa-fé, nos termos do art. 128 do CTN.

Já o primeiro aresto paradigma prolatado pela Primeira Turma (REsp 796.992/SP, Rel. Min. Luiz Fux, julgado em 1º/3/2007) decidiu que "o vendedor não tem a responsabilidade de perseguir o destino do produto alienado com o fim de constatar se o comprador foi o real destinatário, competindo-lhe tão somente, após aperfeiçoado o negócio, cumprir o objeto da obrigação". Asseverou, ainda, que "não compete ao vendedor a fiscalização dos atos daqueles com quem negocia, o que é atribuição do fisco e não do particular".

Conhecido o recurso, passo à análise do seu mérito.

Tenho que assiste razão ao recorrente.

Para melhor compreensão da controvérsia, colaciono trecho do acórdão que trata acerca da operação objeto do auto de infração em comento (fls. 174-175):

Informam os autos que a NUTRILÍNEA PRODUTOS ALIMENTÍCIOS LTDA., empresa adquirente de mercadorias alienadas pelo Autor, foi submetida à ação fiscalizadora do Estado, ao que se constataram diversas irregularidades por ela cometidas ("maquiagem" de DAPI, falsa declaração de atividade industrial e comercial, perante a Junta Comercial do Estado de Minas Gerais, a Secretaria da Receita Federal e Secretaria de Estado de Minas Gerais), utilização de "sócios laranjas" e apresentação de dados falsos, em prática de dolo e fraude, para obtenção da inscrição estadual. Por tais atos, teve sua inscrição, bem como todos os documentos fiscais emitidos após 25/02/2002, bloqueados e declarados, esses, inidôneos, através do ATO DECLARATÓRIO Nº 13.062.310.000211.

Como sói acontecer em tais casos, os efeitos da declaração, retroagiram desde quando constatadas as irregularidades e crimes cometidos pela empresa. São efeitos "ex tunc", por se tratar de mera declaração que atinge atos e fatos eivados de vícios e nulidade desde o seu nascimento. De outro modo, seria a convalidação das que, evidentemente, só são apuradas depois de praticadas.

E, como se não bastassem tais irregularidades e crimes atribuídos à empresa adquirente, constatou também a fiscalização que ela não recolheu o imposto a ela repassado pelo alienante, Autor, por força do benefício do "diferimento". Tão só por essa irregularidade (falta de recolhimento do imposto que lhe foi diferido), independentemente até mesmo de ato declaratório das demais irregularidades, ou de se averiguar a sua intenção ou boa-fé (art. 136 do CTN), retornou-se ao alienante a obrigação de pagamento do imposto, que incidiu sobre a operação de saída de seu estabelecimento.

Quanto à boa-fé do produto rural (vendedor), registrou a sentença (fls. 104-105):

[...] ao autor depois da retirada dos produtos de seu estabelecimento pela empresa Nutrilínea Produtos Alimentícios Ltda., já não tinha mais qualquer vinculação com eles, e como de toda a evidência não teria como concorrer para um eventual procedimento que levasse ao "não recolhimento do tributo diferido" pelo adquirente, em função de obrigação que eventualmente, em futuras operações por este realizadas, viesse a ser descumprida.

[...]

Não consigo vislumbrar, no caso, o descumprimento de qualquer dever que incumbia ao autor e sequer demonstração, mínima que seja, de fraude ou de negócio simulado, a implicar a responsabilidade solidária do autor, ou a substituição tributária indicada, conforme requerida.

No mesmo sentido, o acórdão asseverou (fl. 177):

[...] o fato do alienante não ter tido prévio conhecimento das irregularidades cometidas pelo destinatário, tal como alega o Autor, não o exime da responsabilidade da qual ele, em verdade, nunca se desvencilhou, apenas a tinha de forma subsidiária.

Observa-se, pois, que, *in casu*, não se discute a possibilidade de responsabilização do contribuinte (vendedor) ao pagamento do tributo, em caráter supletivo, nos termos do art. 128 do CTN, mas se ele pode responder por infração cometida pela empresa compradora (que veio a ser declarada inidônea exatamente por deixar de pagar o imposto diferido), ainda que de boa-fé.

A responsabilidade por infrações está contemplada nos arts. 136 e seguintes do CTN. No entanto, tenho que a situação dos autos não se subsume a essas regras, na medida em que está claro que o vendedor, por ter sido considerado de boa-fé, não participou da fraude levada a efeito pela compradora (ausência de dolo) e nem detinha poderes para evitá-la (ausência de culpa).

No que se refere especificamente à culpa (ou dever de cuidado), alio-me à posição adotada nos arestos paradigmas, no sentido de que a cabe ao Fisco, não ao vendedor, o dever de fiscalizar as operações da compradora, a quem a lei atribuiu o recolhimento do tributo diferido.

Digo isso porque o instituto da substituição tributária, que também contempla a modalidade de diferimento (substituição tributária para trás), tem por objetivo facilitar a arrecadação dos tributos, porquanto atribui a um estabelecimento de maior escala a responsabilidade pelo recolhimento e repasse das exações devidas por toda a cadeia produtiva, reduzindo substancialmente o número de diligências de fiscalização a serem realizadas pelo fisco.

O voto acima trata da substituição tributária para frente especificamente sobre Imposto de Circulação de Mercadorias e Serviços – ICMS.

O ministro sustenta que o fisco tem o dever de fiscalizar as operações do comprador e atribuir o recolhimento do tributo diferido.

1.3 IMPOSTO DE RENDA

1.3.1 Da competência

A competência para legislar sobre o Imposto de Renda é do Governo Federal, tendo como base de cálculo os acréscimos patrimoniais, a exemplo de juros, aluguel, produto do trabalho ou a união do capital com trabalho.

1.3.2 Comentários

O Código Tributário Nacional autoriza o Governo a substituir o contribuinte do imposto de renda por um terceiro que faça o pagamento de certos rendimentos, assim determinando a retenção do referido tributo (IRRF).[8] Quando a fonte pagadora faz o pagamento de determinado rendimento pelo líquido, ou seja, o valor bruto deduzido de determinado tributo, esta assume a condição de responsável pelo recolhimento do tributo.

A retenção do imposto de renda ocorre sempre que a fonte pagadora for uma pessoa jurídica e que se enquadre nas condições que a lei definiu como fato gerador de retenção deste tributo. Toda regra tem exceção, de modo que existe a possibilidade de a responsabilidade pela obrigação principal ser transferida para uma pessoa física, nos casos de pagamento ou créditos por decisão judicial homologada pela Justiça do Trabalho. Com efeito, nunca vai existir retenção de qualquer tributo quando a fonte pagadora for uma pessoa física. Ocorre que todos os pagamentos à pessoa física referentes a rendimento do trabalho devem ter a retenção do imposto de renda, respeitados apenas os limites de isenção e as deduções, quando se aplicarem.

Os rendimentos considerados como trabalho pela Receita Federal do Brasil são:

a) Rendimento do Trabalho Assalariado no País;

b) Rendimento do Trabalho de Ausente no Exterior a Serviço do País;

c) Rendimento do Trabalho sem Vínculo Empregatício;

d) Rendimento Decorrente de Decisão da Justiça do Trabalho, exceto o disposto no artigo 12-A da Lei nº 7.713, de 1988;

e) Rendimentos Acumulados;

f) Resgate de Previdência Privada e Fapi – não optantes;

g) Benefício ou Resgate de Previdência Privada e Fapi – optantes;

h) Remuneração Indireta.

1.3.3 Retenção na Fonte

Existem dois tipos de retenção de imposto de renda, que são: (a) Antecipação do imposto que o contribuinte vai apurar na declaração de ajuste anual para as pessoas físicas (DIRPF) ou declaração de Informações Econômico-Fiscais (DIPJ) pelas pessoas jurídicas; (b) Tributação exclusiva na fonte, que agora será explicada de forma mais clara.

---

[8] IRRF (Imposto de Renda Retido na Fonte).

A tributação exclusiva na fonte pagadora no ato do pagamento faz a retenção, sendo que a responsabilidade pelo recolhimento é exclusiva do tomador do serviço, ou seja, ainda que ele não retenha o imposto a responsabilidade subsiste (PN SRF nº 01/2002). Caso a fonte pagadora faça a retenção do imposto e não recolha aos cofres públicos, estará cometendo um crime contra a ordem tributária.

A antecipação do imposto será apurada definitivamente na declaração de imposto de renda e os valores retidos serão compensados.

Exemplo – Uma pessoa física recebeu rendimento durante o ano-calendário de duas fontes pagadoras, nas seguintes condições:

a) A fonte 01, durante o ano, pagou R$ 20.000 de rendimentos sem retenção de imposto de renda;

b) A fonte 02, durante o ano, pagou R$ 50.000 de rendimentos e reteve R$ 10.000 de imposto de renda na fonte.

Dessa forma, na declaração de ajuste anual, será apurado o imposto de renda sobre os R$ 70.000 e deduzido o imposto de renda retido na fonte.

O demonstrativo a seguir é somente para fins explicativos, usando-se uma alíquota de 20%, sem considerar as deduções devidas nessa situação.

Descrição	Valor
Rendimentos tributáveis	
A – Rendimento (50.000 + 20.000)	70.000,00
B – Alíquota	20%
C – Imposto devido (A × B)	14.000,00
D – Imposto retido na fonte[9]	10.000,00
E – Imposto a pagar (C – D)	4.000,00

No caso acima apresentado, o imposto de renda retido tem natureza de antecipação, assim o imposto devido pelo contribuinte é de R$ 14.000, mas serão recolhidos somente R$ 4.000, tendo em vista que já foram antecipados R$ 10.000.

Com relação à retenção do imposto de renda na modalidade de tributação exclusiva na fonte, a seguir será dado outro exemplo.

---

[9] Valor retido pela fonte pagadora.

Imposto de Renda sobre Rendimentos de Residentes ou Domiciliados no País **11**

Exemplo – Uma pessoa física recebeu rendimento durante o ano-calendário de duas fontes pagadoras nas seguintes condições:

c) A fonte 01, durante o ano, pagou R$ 20.000 de juros sobre capital, com retenção de R$ 3.000 de imposto de renda na fonte, cuja tributação é exclusiva na fonte;

d) A fonte 02, durante o ano, pagou R$ 50.000 de rendimentos e reteve R$ 10.000 de imposto de renda na fonte.

Descrição	Valor
RENDIMENTOS TRIBUTÁVEIS	
A – Rendimento (50.000 + 20.000)	50.000,00
B – Alíquota	20%
C – Imposto devido (A × B)	10.000,00
D – Imposto retido na fonte[10]	10.000,00
E – Imposto a pagar (C – D)	–
RENDIMENTOS TRIBUTADOS EXCLUSIVOS NA FONTE	
F – juros sobre capital próprio (20.000 – 3.000)	17.000,00[11]

Como demonstrado no exemplo acima, na declaração do imposto de renda do contribuinte não houve mais imposto a recolher, tendo em vista que o imposto devido era igual ao retido.

A somatória do imposto recolhido pelo contribuinte importa em R$ 13.000 (10.000 + 3.000), portanto menor que no exemplo anterior, tendo em vista que as alíquotas são diferentes.

1.3.3.1 *Das penalidades pela não retenção*

Com efeito, quando a fonte pagadora não faz a retenção determinada, será sempre punida pelo descumprimento de uma obrigação acessória. A punição pelo

---

[10] Valor retido pela fonte pagadora.

[11] O valor declarado é o valor bruto menos o imposto de renda retido na fonte.

descumprimento da obrigação acessória, que é reter imposto de renda nas situações descritas na lei como fato gerador de retenção do IRRF, será de 75% sobre o valor que deveria ser retido.

A Receita Federal do Brasil poderá exigir o pagamento da multa pela falta da obrigação principal, até que ocorra a decadência.

A decadência de o direito da Fazenda constituir o crédito tributário ocorre cinco anos após o fato gerador, conforme o art. 173.[12]

Além da multa pelo não cumprimento da obrigação acessória, a fonte pagadora, a princípio, é responsável pelo recolhimento do imposto que deveria ter retido, ou seja, pelo cumprimento da obrigação tributária principal.

Ocorre que a responsabilidade pela obrigação principal pode cessar quando se trata de antecipação, restando apenas a multa pela falta da obrigação acessória nas seguintes situações:

a) Nos casos de pagamentos a pessoas físicas sem a devida retenção do imposto de renda, a fonte pagadora é responsável pelo pagamento do principal, acrescido de juros e multa de ofício até a data prevista para a entrega da declaração de ajuste anual.

Assim, se a fiscalização da Receita Federal do Brasil não fiscalizar a fonte pagadora até a data prevista para a entrega da declaração de imposto de renda da pessoa física, não poderá mais responsabilizar, ou seja, exigir o pagamento do principal da pessoa jurídica que deixou de reter o referido imposto.

b) Nos casos de pagamentos às pessoas jurídicas, que estão sujeitas à retenção do imposto de renda, a responsabilidade pelo recolhimento do principal volta para o contribuinte na data do encerramento do ano-calendário. Dessa forma, até o encerramento do período-base em que surgiu o fato gerador do tributo retido à fonte pagadora, no caso de

---

[12] Art. 173. O direito de a Fazenda Pública constituir o crédito tributário extingue-se após 5 (cinco) anos, contados:

I – do primeiro dia do exercício seguinte àquele em que o lançamento poderia ter sido efetuado;

II – da data em que se tornar definitiva a decisão que houver anulado, por vício formal, o lançamento anteriormente efetuado.

Parágrafo único. O direito a que se refere este artigo extingue-se definitivamente com o decurso do prazo nele previsto, contado da data em que tenha sido iniciada a constituição do crédito tributário pela notificação, ao sujeito passivo, de qualquer medida preparatória indispensável ao lançamento.

fiscalização, este poderá ser penalizado pelas autoridades fiscais com o recolhimento do principal acrescido de juros a multa de ofício.

c) Quando se trata de rendimento sujeito à tributação na fonte, não existe a possibilidade de voltar para o contribuinte a responsabilidade pelo recolhimento do imposto.

Como não existe a possibilidade da responsabilidade pelo cumprimento da obrigação principal, somente com a decadência do crédito tributário será extinta a possibilidade da fonte pagadora pagar somente a multa pela falta da obrigação acessória, mas também o recolhimento do imposto que não foi retido.

Após comentar detalhadamente sobre a responsabilidade da fonte pagadora, pela obrigação principal, a seguir serão tratadas, caso a caso, as retenções do imposto de renda sobre o rendimento do trabalho.

1.3.3.2 Rendimento do trabalho assalariado no país

Consoante legislação vigente, é considerado rendimento do trabalho assalariado no País todo e qualquer pagamento a pessoas físicas que tenham vínculos ou não com a fonte pagadora.

O Mafon[13] de 2012 destaca esses rendimentos em cinco grupos:

1 – Rendimentos referentes à remuneração periódica pelo trabalho ou serviço realizado, que são:

a) Pagamentos a empregado referente a salário, adiantamento de rendimentos a qualquer título sujeitos a tributação, indenizações sujeitas à tributação, 13º salário ou qualquer outro tipo de remuneração independente da denominação;

b) Pagamento de pró-labore para os sócios, ou titular de empresa individual, até das pessoas jurídicas optantes pelo simples;

c) Pagamento de aposentadoria, exceto da parcela isenta do imposto de renda;

d) Pagamentos aos empregados e sócios de remuneração indireta, retiradas, vantagens e subsídio, comissões, corretagem;

e) Pagamentos a conselheiros fiscais, de administração e diretores;

f) Os pagamentos de gratificação e participação nos lucros dos diretores;

---

[13] Manual do Imposto de Renda Retido na Fonte.

g) Qualquer outra remuneração paga a pessoas vinculadas à fonte pagadora, que será sempre uma pessoa jurídica.

2 – Participação dos trabalhadores nos lucros ou resultados da empresa.

3 – Pagamento de benefício ou resgate de valores acumulados relativos a planos de caráter previdenciário estruturados na modalidade de benefício definido.

4 – Rendimento efetivamente pago ao sócio ou titular de pessoa jurídica optante pelo Simples Nacional, a título de **pró-labore**, aluguel e serviço prestado.

5 – Pagamento de benefício relativo a plano de caráter previdenciário estruturado nas modalidades de contribuição definida ou contribuição variável por entidade de previdência complementar ou sociedade seguradora, ou de Fundo de Aposentadoria Programada Individual (Fapi), exceto na hipótese de opção pela tributação exclusiva de que trata a Lei nº 11.053, de 2004, art. 1º (consulte Código 5565)(RIR/1999, arts. 43, 620, 624, 626, 633 e 717).

1.3.3.2.1 Dos pagamentos de rendimentos do trabalho assalariado mencionados no item 1

O valor do imposto de renda a ser retido é calculado aplicando-se a tabela progressiva com as alíquotas correspondentes à faixa do rendimento pago ou creditado e as deduções da base de cálculo e do imposto.

A tabela progressiva para o ano de 2014 é a seguinte:

Base de Cálculo (R$)	Alíquota (%)	Parcela a Deduzir do IR (R$)
Até 1.710,78	–	–
De 1.710,79 até 2.563,91	7,5	128,31
De 2.563,92 até 3.418,59	15,0	320,60
De 3.418,60 até 4.271,59	22,5	577,00
Acima de 4.271,59	27,5	790,58

Com relação à tabela, devem ser dadas as seguintes explicações:

A coluna base de cálculo define as faixas de isenção ou em que alíquota se aplica sobre aquele rendimento, sendo que o valor que deve ser considerado como rendimento tributável é o montante bruto após as deduções.

Exemplo – Um contribuinte recebeu rendimentos com as seguintes informações: Rendimento bruto R$ 4.200,00; dedução por dependentes R$ 374,00; pensão alimentícia R$ 1.000,00.

Assim, a faixa de salário para fins de definição da faixa de isenção ou alíquotas é de R$ 2.826, conforme a seguir demonstrado:

Descrição	Valor
A – Rendimento bruto	4.200,00
B – Deduções	
B.1 – Dependentes	374,00
B.2 – Pensão alimentícia	1.000,00
B.3 – Total das deduções (B.1 + B.2)	1.374,00
C – Rendimento líquido (A – B.3)	2.826,00

Desta forma, a faixa de alíquota é de 15% com a dedução R$ 320,60.

Ainda sobre a tabela, existem mais duas colunas, uma das quais informa qual a alíquota sobre o valor-base de cálculo do imposto de renda e outra com o valor a ser deduzido do valor encontrado.

As deduções da base de cálculo são as seguintes:[14]

a) as importâncias pagas a título de pensão alimentícia em face das normas do direito de família, quando em cumprimento de decisão judicial ou acordo homologado judicialmente, inclusive a prestação de alimentos provisionais, ou por escritura pública;

b) a quantia de R$ 171,97[15] por dependente;

c) as contribuições para a Previdência Social da União, dos Estados, do Distrito Federal e dos Municípios;

---

[14] Páginas 9 e 10 do Mafon de 2012.

[15] Valores atualizados até 2013.

d) as contribuições para as entidades de previdência privada domiciliadas no Brasil e as contribuições para o Fapi, cujo ônus tenha sido do contribuinte, destinadas a custear benefícios complementares assemelhados aos da Previdência Social no caso de trabalhador com vínculo empregatício ou de administrador que seja também contribuinte do regime geral de previdência social;

e) a quantia de R$ 1.710,78[16] correspondente à parcela isenta dos rendimentos provenientes de aposentadoria e pensão, transferência para a reserva remunerada ou reforma pagos pela Previdência Social da União, dos Estados, do Distrito Federal e dos Municípios ou por qualquer pessoa jurídica de direito público interno, ou por entidade de previdência privada, a partir do mês em que o contribuinte completar 65 anos de idade.

A parcela isenta dos rendimentos provenientes de aposentadoria é igual à faixa de isenção para as demais rendas, sendo que a diferença dos procedimentos nos cálculos são as seguintes:

a) A parcela isenta dos rendimentos provenientes de aposentadoria será excluída da base de cálculo do imposto de renda.

b) Com relação ao valor-limite de isenção do imposto de renda, será apenas para definir quem deverá pagar ou não imposto de renda. Com efeito, todos os contribuintes que ganharem até este valor não pagam imposto de renda, portanto não terão retenção do referido tributo.

Com base nas informações acima e na tabela progressiva para 2013, para um melhor entendimento, a seguir será calculado o imposto de renda na fonte sobre três casos:

a) Exemplo 01: Um contribuinte recebeu a importância de R$ 1.600,00 referente a salário;

b) Exemplo 02: Um contribuinte recebeu a importância de R$ 3.000,00, com dois dependentes;

c) Exemplo 03: Um contribuinte com 66 anos recebeu a importância de R$ 3.000,00 referente a rendimento proveniente de aposentadoria, com dois dependentes.

---

[16] Valores atualizados até 2013.

Descrição	Exemplo 01	Exemplo 02	Exemplo 03
A – Rendimentos	1.600,00	3.000,00	3.000,00
B – Dedução			
B.1 Por dependente		343,94[17]	343,94
B.2 Parcela isenta			1.710,78[18]
C – BC[19] (A – B.1 – B.2)	–[20]	2.656,06	945,28
D – Alíquota	–	15%[21]	–[22]
E – Imposto (C × D)	–	398,41	–
F – Dedução do imposto	–	320,60[23]	–
G – Valor a ser retido	–	77,81	–

Com base nas informações acima, pode-se observar que os rendimentos para dois contribuintes na mesma condição são iguais, embora um deles tenha o direito de excluir da base de cálculo do imposto o valor correspondente à parcela isenta do proveniente de aposentadoria, gerando diferença nos valores a serem retidos.

Com efeito, no caso dos rendimentos de aposentadoria, não houve retenção de imposto de renda, tendo em vista que a base de cálculo ficou inferior ao limite de isenção.

Ainda com relação à retenção de imposto de renda sobre os rendimentos salariais no Brasil, existem algumas particularidades, o que merece algumas explicações com relação às seguintes rendas:

a) Férias;

b) 13º salário;

c) Remuneração indireta;

d) Participações nos resultados do empregado.

---

[17] Valor correspondente às deduções por dependentes = 171,97 × 2 = 343,94.

[18] Parcela isenta de rendimentos provenientes de aposentadoria.

[19] BC = Base de cálculo.

[20] Não existe cálculo do Imposto de Renda, rendimento inferior ao limite de isenção.

[21] Conforme tabela progressiva.

[22] Valor inferior ao limite de isenção.

[23] Conforme tabela progressiva.

Férias

Os valores pagos ou creditados referentes a férias acrescidos de 1/3 (um terço) devem ser calculados em separado de qualquer outro rendimento que o contribuinte tenha recebido no mês.

A base de cálculo do imposto de renda sobre rendimentos de férias acrescidos de 1/3 (um terço) terá as mesmas deduções que o contribuinte tem direito com relação ao salário.

Exemplo – Um contribuinte com salário de R$ 3.000,00 no mesmo mês, recebe o salário e férias acrescidas de 1/3 (um terço), com dois dependentes; o cálculo seria da seguinte forma:

Descrição	Salário	Férias
A – Rendimentos		
A.1 Salário	3.000,00	3.000,00
A.2 1/3 de férias		1.000,00
B – Total dos rendimentos (A.1 + A.2)	3.000,00	4.000,00
C – Dedução		
C.1 Por dependente	343,94[24]	343,94
D – BC[25] (B – C.1)	2.656,06	3.656,06
E – Alíquota	15%	22,5%
F – Imposto (D × E)	398,41	822,61
G – Dedução do imposto	320,60[26]	320,60
H – Valor a ser retido (F – G)	77,81	502,01

Quando o empregado não goza as férias, não existe a incidência do imposto de renda sobre esses pagamentos ou créditos.

As situações em que o empregado não goza as férias são as seguintes:

a) O empregado poderá receber as férias em dobro quando acumular dois períodos sem gozar.[27]

---

[24] Valor correspondente às deduções por dependente = 171,97 × 2 = 343,94.

[25] BC = Base de cálculo.

[26] Conforme tabela.

[27] O período que o empregado tem direito a férias é de 12 meses.

b) O empregado opcionalmente deixar de gozar 1/3 (um terço) de férias e, assim, ser indenizado pelo empregador. Nesses casos, sobre essa verba não haverá incidência de imposto de renda.

c) Ainda existe a possibilidade de o empregado receber indenização de férias integral ou parcial nos casos de extinção do contrato de trabalho.[28]

A seguir serão demonstrados casos práticos com exemplos:

Exemplo 01 – Um contribuinte com salário de R$ 3.000,00 no mesmo mês recebe o salário e férias acrescidas de 1/3 (um terço). Considerando que estava com 24 meses sem gozar férias, recebeu também a indenização no valor de R$ 4.000,00.[29] Desta forma, o cálculo será o seguinte:

Descrição	Salário	Férias
A – Rendimentos		
A.1 Salário	3.000,00	3.000,00
A.2 1/3 de férias		1.000,00
A.3 Indenização de férias		4.000,00
B – Total dos rendimentos (A.1 + A.2)	3.000,00	8.000,00
C – Dedução		
C.1 Por dependentes	343,94[30]	343,94
C.2 Indenização de férias		4.000,00[31]
D – BC[32] (B – C.1)	2.656,06	3.656,06
E – Alíquota	15%	22,5%
F – Imposto (D × E)	398,41	822,61
G – Dedução do imposto	320,60[33]	320,60
H – Valor a ser retido (F – G)	77,81	502,01

---

[28] A extinção do contrato de trabalho poderá ser por rescisão, aposentadoria ou exoneração.

[29] Valor das férias acrescido de 1/3 (um terço).

[30] Valor correspondente às deduções por dependente = 171,97 × 2 = 343,94.

[31] Rendimento isento.

[32] BC = Base de cálculo.

[33] Conforme tabela.

Desta forma, fica demonstrado que o valor recebido com indenização não tem influência no cálculo do imposto de renda.

Exemplo 02 – Um contribuinte, com salário de R$ 3.000,00 no mesmo mês, recebe o salário e férias acrescidas de 1/3 (um terço), sendo que ele vai trabalhar 10 dias, ou seja, fez a opção para não gozar 1/3 (um terço) das férias, com o adendo de que tem dois dependentes. Dessa forma, o cálculo seria o seguinte:

Descrição	Salário	Férias
A – Rendimentos		
A.1 Salário	3.000,00	
A.2 2/3 (dois terços) de férias gozadas		4.000,00
A.3 Indenização de 1/3 (um terço) de férias		1.333,00[34]
B – Total dos rendimentos (A.1 + A.2)	3.000,00	5.333,00
C – Dedução		
C.1 Por dependente	343,94[35]	343,94
C.2 Indenização de férias		1.333,00[36]
D – BC[37] (B – C.1)	2.656,06	3.656,06
E – Alíquota	15%	22,5%
F – Imposto (D × E)	398,41	822,61
G – Dedução do imposto	320,60[38]	320,60
H – Valor a ser retido (F – G)	77,81	502,01

Exemplo 03 – Um contribuinte recebeu uma rescisão de trabalho com as seguintes informações:

a) Saldo de salário R$ 3.000,00;

---

[34] Valor correspondente a 1/3 (um terço) das férias = 4.000,00/3.

[35] Valor correspondente às deduções por dependente = 171,97 × 2 = 343,94.

[36] Rendimento isento.

[37] BC = Base de cálculo.

[38] Conforme tabela.

b) Férias integrais R$ 4.000,00;[39]

c) Férias proporcionais correspondentes a 10 meses no valor de R$ 3.333,00.

Dessa forma, o cálculo seria o seguinte:

Descrição	Salário	Férias
A – Rendimentos		
A.1 Salário	3.000,00	
A.2 Férias integrais indenizadas		4.000,00
A.3 Férias proporcionais indenizadas		3.333,00
B – Total dos rendimentos (A.1 + A.2)	3.000,00	7.333,00
C – Dedução		
C.1 Por dependente	343,94[40]	
C.2 Indenização de férias		7.333,00
D – BC[41] (B – C.1)	2.656,06	–
E – Alíquota	15%	–
F – Imposto (D × E)	398,41	–
G – Dedução do imposto	320,60[42]	–
H – Valor a ser retido (F – G)	77,81	–

Não resta mais dúvida de que sobre as férias indenizadas, seja a qualquer título, não há a incidência do imposto de renda, portanto não há retenção do referido tributo.

Gratificação de Natal (13º Salário)

A tributação do 13º salário será exclusivamente na fonte, ou seja, na declaração do contribuinte. Esse rendimento não será mais adicionado aos rendimentos tributáveis, e sim aos rendimentos tributados nessa modalidade.

---

[39] Valor referente a férias acrescido de 1/3 (um terço).

[40] Valor correspondente às deduções por dependente = 171,97 × 2 = 343,94.

[41] BC = Base de cálculo.

[42] Conforme tabela.

Como o 13º salário tem tributação exclusivamente na fonte, o imposto de renda deve ser calculado separadamente de qualquer outro rendimento pago ou creditado ao contribuinte no mês da retenção do referido tributo.

O fato gerador da retenção do imposto de renda sobre o 13º salário será o mês de dezembro, data-limite para o pagamento da segunda parcela das gratificações natalinas, conforme determina a legislação trabalhista para pagamento da segunda parcela. Com efeito, o 13º salário poderá ser tributado antes de dezembro somente nos casos de rescisão de contrato de trabalho, ou seja, o pagamento ou crédito deste rendimento proporcional. Dessa forma, não existe retenção de imposto de renda na fonte de qualquer adiantamento de 13º salário.

Os rendimentos referentes a 13º salário para fins de cálculo do imposto de renda poderão ter as mesmas deduções do salário, tais como:

a) as importâncias pagas a título de pensão alimentícia, em face das normas do direito de família, quando em cumprimento de decisão judicial ou acordo homologado judicialmente, inclusive a prestação de alimentos provisionais, ou por escritura pública;

b) a quantia de R$ 171,97[43] por dependente;

c) as contribuições para a Previdência Social da União, dos Estados, do Distrito Federal e dos Municípios;

d) as contribuições para as entidades de previdência privada domiciliadas no Brasil e as contribuições para o Fapi, cujo ônus tenha sido do contribuinte, destinadas a custear benefícios complementares assemelhados aos da Previdência Social no caso de trabalhador com vínculo empregatício ou de administrador que seja também contribuinte do regime geral de previdência social;

e) a quantia de R$ 1.710,78[44] correspondente à parcela isenta dos rendimentos provenientes de aposentadoria e pensão, transferência para a reserva remunerada ou reforma pagos pela Previdência Social da União, dos Estados, do Distrito Federal e dos Municípios ou por qualquer pessoa jurídica de direito público interno, ou por entidade de previdência privada, a partir do mês em que o contribuinte completar 65 anos de idade.

Tomando como base as informações acima, a seguir serão demonstrados os cálculos do imposto de renda sobre o 13º no seguinte exemplo:

---

[43] Valores atualizados até 2013.

[44] Valores atualizados até 2013.

Imposto de Renda sobre Rendimentos de Residentes ou Domiciliados no País   **23**

Exemplo – Um contribuinte, em dezembro, recebeu os seguintes rendimentos:

a) salário de R$ 3.000,00;

b) Férias acrescidas de 1/3 (um terço) no valor de R$ 4.000,00;

c) Recebimento de R$ 1.333,00 como indenização por 10 dias que opcionalmente não vai gozar;

d) Recebimento da quitação do 13º no valor de R$ 1.500,00, considerando que já havia recebido a primeira parcela em março, no valor de R$ 1.500,00.

Dessa forma, o cálculo do imposto de renda é o seguinte:

Descrição	Salário	13º Salário	Férias
A – Rendimentos			
A.1 Salário	3.000,00	3.000,00[45]	
A.2 Férias integrais indenizadas			4.000,00
A.3 1/3 de férias indenizadas			1.333,00
B – Total dos rendimentos (A.1 + A.2)	3.000,00	3.000,00	5.333,00
C – Dedução			
C.1 Por dependente	343,94[46]	343,94	343,94
C.2 Indenização de férias			1.333,00
D – BC[47] (B – C.1)	2.656,06	2.656,06	3.656,06
E – Alíquota	15%	15%	22,5%
F – Imposto (D × E)	398,41	398,41	822,61
G – Dedução do imposto	320,60[48]	320,60	320,60
H – Valor a ser retido (F – G)	77,81	77,81	502,01

---

[45] Soma das duas parcelas do 13º salário.

[46] Valor correspondente às deduções por dependente = 171,97 × 2 = 343,94.

[47] BC = Base de cálculo.

[48] Conforme tabela.

Poderá ainda acontecer o pagamento de 13º salário complementar posteriormente, sendo que, nesse caso, deve ser calculado com base na tabela da época da quitação e sobre o total do rendimento desta categoria.

Dando continuidade ao exemplo anterior, o contribuinte, em janeiro, recebeu um complemento do 13º salário em virtude da convenção coletiva, no valor de R$ 500,00. Assim, o cálculo do imposto de renda sobre esse rendimento será recalculado.

Descrição	13º Salário
A – Rendimentos	
A.1 13º salário	3.000,00[49]
A.2 13º salário complementar	500,00
B – Total dos rendimentos (A.1 + A.2)	3.500,00
C – Dedução	
C.1 Por dependente	343,94
C.2 Indenização de férias	
D – BC[50] (B – C.1)	3.156,06
E – Alíquota	15%
F – Imposto (D × E)	473,40
G – Dedução do imposto	320,60
H – Valor a ser retido (F – G)	152,80
I – Valor já retido	77,81[51]
J – Valor a ser retido em janeiro	74,99

Da remuneração indireta

Consoante a legislação fiscal, existem dois tipos de remuneração indireta, que são:

---

[49] Soma das duas parcelas do 13º salário.

[50] BC = Base de cálculo.

[51] Valor retido em dezembro.

a) remuneração indireta com a identificação do beneficiário;

b) remuneração indireta sem a identificação do beneficiário.

Os dois tipos de remuneração indireta são muito comuns nas empresas, sendo que muitas vezes os administradores não têm conhecimento da matéria. Assim, serão comentadas em separado para facilitar o entendimento.

Remuneração indireta com o beneficiário identificado

A remuneração indireta também é conhecida como salário *in natura*.

Exemplo de salário *in natura* ou rendimento indireto são as distribuições de cesta básica sem o devido registro no Ministério do Trabalho do Programa de Alimentação do Trabalhador – PAT.

Quando a empresa oferece ao trabalhador alimentação, que pode ser por restaurante próprio, vale-refeição ou cesta básica, para eliminar a possibilidade de as autoridades fiscais entenderem como rendimentos indiretos, deve fazer o registro na Delegacia Regional do Trabalho no Programa de Alimentação ao Trabalhador – PAT. Atualmente, esse registro é feito pela Internet.

A melhor definição de rendimentos indiretos identificados com relação a empregados da pessoa jurídica são os benefícios a alguns colaboradores não considerados como salários.

Outro exemplo de rendimentos indiretos são ajudas de custo para alguns funcionários, a exemplo de aluguel de imóveis, pagamento de faculdade e outros benefícios.

O art. 622 do Decreto nº 3.000/99 define vários benefícios para empregados ou administradores como sendo rendimentos indiretos. Essas remunerações são comuns nas empresas, e são destinadas aos administradores.

As despesas mencionadas no art. 622 do Regulamento do Imposto de Renda são as seguintes:[52]

---

[52] Art. 622. Integrarão a remuneração dos beneficiários (Lei nº 8.383, de 1991, art. 74):

I – a contraprestação de arrendamento mercantil ou o aluguel ou, quando for o caso, os respectivos encargos de depreciação:

a) de veículo utilizado no transporte de administradores, diretores, gerentes e seus assessores ou de terceiros em relação à pessoa jurídica;

b) de imóvel cedido para uso de qualquer pessoa dentre as referidas na alínea precedente;

II – as despesas com benefícios e vantagens concedidos pela empresa a administradores, diretores, gerentes e seus assessores, pagos diretamente ou através da contratação de terceiros, tais como:

a) a aquisição de alimentos ou quaisquer outros bens para utilização pelo beneficiário fora do estabelecimento da empresa;

b) os pagamentos relativos a clubes e assemelhados;

c) o salário e os respectivos encargos sociais de empregados postos à disposição ou cedidos, pela empresa, a administradores, diretores, gerentes e seus assessores ou de terceiros;

d) a conservação, o custeio e a manutenção dos veículos e imóveis mantidos à disposição desse grupo de pessoas.

Dessa forma, os pagamentos ou crédito de qualquer benefício a pessoas físicas identificadas serão tributados na fonte, de acordo com a tabela progressiva.

Muito importante lembrar que esse tipo de remuneração é base de cálculo para a Previdência Social.

As importâncias pagas ou creditadas referentes a rendimentos indiretos, para efeito de cálculo do imposto de renda, serão consideradas como valores líquidos. Dessa forma, antes de definir o valor que deverá ser recolhido, é necessário fazer o ajustamento da renda.

O reajustamento é necessário sempre que a fonte pagadora assumir o ônus do imposto de renda, ou seja, quando o contribuinte estiver recebendo o valor líquido, sendo que, nos casos de rendimentos indiretos, a legislação vigente determina que os valores desembolsados sejam sempre considerados como líquidos.

A regulamentação da retenção de imposto de renda na fonte sobre os rendimentos indiretos está na IN/SRF 15/2001, no § 1º do art. 20, que determina a fórmula de reajustamento.[53]

---

a) a aquisição de alimentos ou quaisquer outros bens para utilização pelo beneficiário fora do estabelecimento da empresa;

b) os pagamentos relativos a clubes e assemelhados;

c) o salário e respectivos encargos sociais de empregados postos à disposição ou cedidos, pela empresa, a administradores, diretores, gerentes e seus assessores ou de terceiros;

d) a conservação, o custeio e a manutenção dos bens referidos no inciso I.

[53] Art. 20. Quando a fonte pagadora assumir o ônus do imposto devido pelo beneficiário, a importância paga, creditada, empregada, remetida ou entregue, é considerada líquida, cabendo o reajustamento do respectivo rendimento bruto, sobre o qual recai o imposto.

§ 1º Para reajustamento da base de cálculo aplica-se a seguinte fórmula:

$RR = (RP - D)/(1 - T/100)$

Sendo:

RR, o rendimento reajustado;

A fórmula para ajustamento do valor do rendimento é a seguinte:

$$RR = \{(RP - PD)/[1 - (T/100)]\}$$

Onde:

RR: Rendimento Reajustado; **(2)**

RP: Rendimento Pago (referente à base de cálculo antes do reajustamento);

PD: Parcela a deduzir do imposto correspondente à faixa da base de cálculo a que pertencer o RP, de acordo com a tabela progressiva;

T: Alíquota da classe de rendimentos a que pertence o RP, de acordo com a tabela progressiva vigente por ocasião do pagamento dos rendimentos.

Dando continuidade ao exemplo do contribuinte que recebe um salário de R$ 3.000,00, vamos incluir em sua renda o pagamento da mensalidade de um curso de Direito.

Exemplo – Um contribuinte recebeu a importância de R$ 3.000,00 referente a salário. Além da remuneração constante na carteira de trabalho, a empresa paga R$ 2.000,00, assumindo algumas despesas do funcionário, como custos com a faculdade e aluguel de apartamento. O contribuinte tem, para efeito de dedução da base de cálculo do imposto de renda, dois dependentes.

O cálculo do imposto de renda a ser retido é o seguinte:

Primeiro passo: Definir o valor bruto da mensalidade da faculdade aplicando a fórmula $RR = \{(RP - PD)/[1 - (T/100)]\}$.

RP = 2.000,00

PD = 128,31[54]

T = 7,5%

PR = (2.000 – 128,31)/(1 – (7,5/100))

PR = 1.871,69/(1 – 0,075)

PR = 1.871,69/0,925

PR = 2.023,45

RP, o rendimento pago, correspondente à base de cálculo antes do reajustamento;

D, a dedução da classe de rendimentos a que pertence o RP;

T, a alíquota da classe de rendimentos a que pertence o RP.

[54] Como a renda do contribuinte é no valor de R$ 4.000,00, assim está na tabela progressiva cuja faixa é de 3.418,60 até 4.271,59. Portanto, a redução é de R$ 577,00.

Cálculo da retenção do imposto de renda.

Descrição	Salário
A – Rendimentos indiretos	2.023,45
B – Alíquota	7,5%
B – Imposto de Renda (A × B)	151,76
C – Dedução	128,31
D – Imposto de Renda a ser retido	23,45

Analisando as informações sobre os pagamentos e o valor retido, pode-se concluir que o valor bruto é de R$ 2.023,45. Com a redução do imposto de renda devido no montante de R$ 23,45, fica o valor líquido de R$ 2.000,00.

No final do mês, quando do pagamento do salário, o cálculo da retenção de imposto de renda será da seguinte forma:

Descrição	Salário
A – Rendimentos	
A.1 Salário	3.000,00
A.2 Rendimentos indiretos	2.023,45
B – Total dos rendimentos (A.1 + A.2)	5.023,45
C – Dedução	
C.1 Por dependente	343,94[55]
D – BC[56] (B – C.1)	4.679,51
E – Alíquota	27,5%
F – Imposto (D × E)	1.286,86
G – Dedução do imposto	790,58[57]
H – Imposto de Renda (F – G)	496,28
I – Imposto de Renda já retido	23,45
Valor a ser retido	472,83

---

[55] Valor correspondente às deduções por dependente = 171,97 × 2 = 343,94.

[56] BC = Base de cálculo.

[57] Conforme tabela.

O art. 6º da Lei nº 7.713/88 determina que são isentos do imposto de renda, portanto não têm a retenção do imposto de renda, os seguintes rendimentos:

a) a ajuda de custo destinada a atender às despesas com transporte, frete e locomoção do beneficiado e seus familiares, em caso de remoção de um município para outro;

b) a alimentação, inclusive *in natura*, transporte, vale-transporte e os uniformes ou vestimentas especiais de trabalho, fornecidos gratuitamente pelo empregador a seus empregados, ou a diferença entre o preço cobrado e o valor de mercado;

c) as bolsas de estudo e de pesquisa caracterizadas como doação, quando recebidas exclusivamente para proceder a estudos ou pesquisas e desde que os resultados dessas atividades não representem vantagem para o doador, nem importem contraprestação de serviços;

d) as contribuições empresariais ao Plano de Poupança e Investimento – PAIT;

e) as Contribuições Patronais para Programa de Previdência Privada;

f) as Contribuições Patronais para o Plano de Incentivo à Aposentadoria Programada Individual;

g) as diárias destinadas, exclusivamente, ao pagamento de despesas de alimentação e pousada, por serviço eventual realizado em município diferente da sede de trabalho, inclusive no exterior;

h) o valor dos serviços médicos, hospitalares e dentários mantidos, ressarcidos ou pagos pelo empregador em benefício de seus empregados.

Com relação aos pagamentos de rendimentos indiretos, mesmo com o beneficiário identificado, para que sejam considerados despesa dedutível da base de cálculo do imposto de renda para os contribuintes que declaram o imposto de renda com base no lucro real, é necessário também indicar a causa, de acordo com o art. 304 do Decreto nº 3.000/99.[58]

O vencimento do imposto de renda retido sobre o salário é até o último dia do 2º (segundo) decêndio do mês subsequente ao mês de ocorrência aos fatos geradores.

---

[58] Art. 304. Não são dedutíveis as importâncias declaradas como pagas ou creditadas a título de comissões, bonificações, gratificações ou semelhantes, quando não for indicada a operação ou a causa que deu origem ao rendimento e quando o comprovante do pagamento não individualizar o beneficiário do rendimento (art. 2º da Lei nº 3.470, de 1958).

Remuneração indireta com o beneficiário não identificado

Quando se trata de remuneração indireta com o beneficiário não identificado, não há retenção de imposto de renda, mesmo porque só poderá ocorrer a transferência da responsabilidade pela obrigação principal na existência do contribuinte original.

Dessa forma, nos casos de pagamentos ou créditos a pessoas físicas ou jurídicas não identificadas, a fonte pagadora será o contribuinte e será tributado com uma alíquota de 35% sobre os referidos desembolsos, conforme o art. 675 do regulamento do imposto de renda.[59]

No que concerne ao imposto de renda calculado sobre os rendimentos indiretos, cujos beneficiários não forem identificados, os valores pagos ou creditados serão considerados como líquidos. Dessa forma, para definir a base de cálculo, é necessário fazer o reajustamento do rendimento.

$$RR = RP/(1 - T/100)$$

Sendo:

RR, o rendimento reajustado;

RP, o rendimento pago, correspondente à base de cálculo antes do reajustamento;

T, a alíquota da classe de rendimentos a que pertence o RP.

Assim, no caso de um pagamento no valor de R$ 2.000,00 referente a rendimento indireto com o beneficiário não identificado, o cálculo seria o seguinte:

RP = 2.000,00

T = 35%

---

[59] Art. 675. A falta de identificação do beneficiário das despesas e vantagens a que se refere o art. 622 e a sua não incorporação ao salário dos beneficiários, implicará a tributação exclusiva na fonte dos respectivos valores, à alíquota de trinta e cinco por cento (Lei nº 8.383, de 1991, art. 74, § 2º, e Lei nº 8.981, de 1995, art. 61, § 1º).

§ 1º O rendimento será considerado líquido, cabendo o reajustamento do respectivo rendimento bruto sobre o qual recairá o imposto (Lei nº 8.981, de 1995, art. 61, § 3º).

§ 2º Considera-se vencido o imposto no dia do pagamento da referida importância (Lei nº 8.981, de 1995, art. 61, § 2º).

$RR = 2.000,00/(1 - 35/100)$

$RR = 2.000,00/ (1 - 0,35)$

$RR = 2.000,00/0,65$

$RR = 3.076,92$

Assim, o valor bruto do rendimento do pagamento será de R$ 3.076,92. Portanto, a retenção do imposto será de R$ 1.076,92, conforme a seguir demonstrado:

Descrição	Valor
A – Rendimento bruto	3.076,92
B – Alíquota	35%
C – Imposto de renda	1.076,92
D – Rendimento líquido (valor pago)	2.000,00

No caso de prazo para recolhimento do imposto de renda sobre os rendimentos indiretos, quando os beneficiários não forem identificados, o vencimento será no dia do pagamento ou dos créditos, de acordo com o item 2, letra *a*, inciso I do art. 70 da Lei nº 11.196/2005.[60]

Da participação dos empregados nos lucros

A participação dos empregados é resultado de negociação entre estes e a empresa, sendo que o art. 2º da Lei nº 10.101/2000 diz que o referido acordo deve ser respaldado nos seguintes procedimentos:[61]

---

[60] Art. 70. Em relação aos fatos geradores ocorridos a partir de 1º de janeiro de 2006, os recolhimentos do Imposto de Renda Retido na Fonte – IRRF e do Imposto sobre Operações de Crédito, Câmbio e Seguro, ou Relativas a Títulos ou Valores Mobiliários – IOF serão efetuados nos seguintes prazos:

I – IRRF:

a) na data da ocorrência do fato gerador, no caso de:

1. rendimentos atribuídos a residentes ou domiciliados no exterior;

2. pagamentos a beneficiários não identificados;

[61] Art. 2º A participação nos lucros ou resultados será objeto de negociação entre a empresa e seus empregados, mediante um dos procedimentos a seguir descritos, escolhidos pelas partes de comum acordo:

32 Retenção de Tributos • Chaves

Neste livro, não é pretensão esgotar este assunto, pois o foco é somente com relação à retenção do imposto. Foi citado o *caput* do art. 2º da Lei nº 10.101/2000 somente para definir o que seria a participação dos empregados nos lucros.

Da tributação da participação dos empregados nos lucros das empresas

A tributação da participação nos lucros é exclusivamente na fonte; dessa forma, a responsabilidade pela obrigação principal nunca será do contribuinte, e sim da empresa que está pagando a participação no resultado, conforme o § 5º do art. 3º da Lei nº 10.101/2000.[62] Dessa forma, o empregado receberá o valor líquido e informará na declaração de ajuste o referido valor como rendimento tributado exclusivamente na fonte. Assim, é necessário que o cálculo do imposto de renda seja separado de qualquer outro rendimento, como define o § 6º do art. 3º da Lei nº 10.101/2000.[63]

O imposto de renda devido pelo empregado será calculado sobre os rendimentos recebidos no decorrer do ano. Caso existam os dois pagamentos recebidos, na segunda parcela deve ser calculado o imposto sobre os somatórios dos dois desembolsos e deduzido o valor do imposto retido no primeiro.[64]

Ocorre que, entre as regras estabelecidas pela Lei nº 10.101/2000, com relação à participação dos empregados nos lucros, o inciso 2º do art. 3º do referido diploma legal determina que as empresas não podem fazer mais de dois pagamentos aos empregados como participações nos lucros no mesmo exercício e ainda que devem respeitar o prazo mínimo de três meses entre os desembolsos com este título.[65]

I – comissão paritária escolhida pelas partes, integrada, também, por um representante indicado pelo sindicato da respectiva categoria; (Redação dada pela Lei nº 12.832, de 2013).

II – convenção ou acordo coletivo.

[62] § 5º A participação de que trata este artigo será tributada pelo imposto sobre a renda exclusivamente na fonte, em separado dos demais rendimentos recebidos, no ano do recebimento ou crédito, com base na tabela progressiva anual constante do Anexo e não integrará a base de cálculo do imposto devido pelo beneficiário na Declaração de Ajuste Anual. (Redação dada pela Lei nº 12.832, de 2013).

[63] § 6º Para efeito da apuração do imposto sobre a renda, a participação dos trabalhadores nos lucros ou resultados da empresa será integralmente tributada com base na tabela progressiva constante do Anexo. (Incluído pela Lei nº 12.832, de 2013).

[64] § 7º Na hipótese de pagamento de mais de 1 (uma) parcela referente a um mesmo ano-calendário, o imposto deve ser recalculado, com base no total da participação nos lucros recebida no ano-calendário, mediante a utilização da tabela constante do Anexo, deduzindo-se do imposto assim apurado o valor retido anteriormente. (Incluído pela Lei nº 12.832, de 2013) (Produção de efeito).

[65] § 2º É vedado o pagamento de qualquer antecipação ou distribuição de valores a título de participação nos lucros ou resultados da empresa em mais de 2 (duas) vezes no mesmo ano civil

Do cálculo do imposto de renda

O cálculo do imposto de renda será com base na tabela progressiva, ou seja, aplicada a alíquota, de acordo com a faixa de valores, com as respectivas deduções do valor do imposto encontrado.

No caso da participação do empregado no lucro da empresa, não existe qualquer dedução da base de cálculo, pois se trata de tributação exclusiva na fonte e as referidas deduções serão somente as retenções como antecipação.

Os valores e alíquota da tabela progressiva abaixo apresentada serão aplicados no ano de 2014. A tabela progressiva será a seguinte:

TABELA DE TRIBUTAÇÃO EXCLUSIVA NA FONTE

Valor do PLR anual (em R$)	Alíquota	Parcela a deduzir do IR (em R$)
de 0,00 a 6.270,00	0%	–
de 6.270,01 a 9.405,00	7,5%	470,25
de 9.405,01 a 12.540,00	15%	1.175,63
de 12.540,01 a 15.675,00	22,5%	2.116,13
acima de 15.675,00	27,5%	2.899,88

Com relação ao ano de 2015, os valores e limites da tabela acima mencionada serão atualizados pelos mesmos índices aplicados aos ajustes da tabela progressiva para fins de retenção de rendimentos pagos mensais sujeitos a título de antecipação do imposto de renda, assim determina o § 11 do art. 3º da Lei nº 10.101/2000.[66]

Com base nas informações acima, a seguir será considerado um exemplo de retenção do imposto de renda no pagamento de participação no lucro de um empregado, já que o cálculo deve ser individual. Lembre-se que a pessoa jurídica não pode excluir ou incluir um determinado funcionário, ou seja, o benefício tem que ser destinado a todos os colaboradores.

---

e em periodicidade inferior a 1 (um) trimestre civil. (Redação dada pela Lei nº 12.832, de 2013) (Produção de efeito).

[66] § 11. A partir do ano-calendário de 2014, inclusive, os valores da tabela progressiva anual constante do Anexo serão reajustados no mesmo percentual de reajuste da Tabela Progressiva Mensal do imposto de renda incidente sobre os rendimentos das pessoas físicas. (Incluído pela Lei nº 12.832, de 2013) (Produção de efeito).

Exemplo 01 – Uma empresa faz pagamento de participação no lucro nas datas 30 de junho e 28 de dezembro de 2013, sendo que um funcionário recebeu R$ 5.000 e R$ 3.000, respectivamente.

Dessa forma, o cálculo do imposto de renda na fonte seria o seguinte:

Data	Descrição	Valor
30/06/2103	A – Valor lucro recebido	5.000,00
	B – Imposto retido	_[67]
	C – Valor líquido	5.000,00
28/12/2013	E – Valor lucro recebido	3.000,00
	F – BC[68] (5.000[69]+ 3.000[70])	8.000,00
	G – Imposto (F × 7,5%)	600,00
	H – Dedução	450,00[71]
	I – Imposto a ser retido (G – H)	150,00
28/12/2013	J – Valor líquido (3.000 – 150)	2.850,00

Exemplo 02 – Uma empresa efetuou o pagamento de participação no lucro nas datas 30 de junho e 28 de dezembro de 2013, de modo que um funcionário recebeu R$ 8.000 e R$ 8.000, respectivamente.

Assim sendo, o cálculo do imposto de renda na fonte seria da seguinte forma:

---

[67] Não existe imposto a ser retido, pois o valor é inferior ao limite de isenção.

[68] Base de cálculo do imposto de renda.

[69] Valor recebido em 30.6.2013.

[70] Valor recebido em 28.12.2013.

[71] Valor informado na última coluna da tabela.

Data	Descrição	Valor
30/06/2103	A – Valor lucro recebido	8.000,00
	B – Imposto (A × 7,5%)	600,00
	C – Dedução	450,00[72]
	D – Imposto a ser retido	150,00
	E – Valor líquido	7.850,00
28/12/2013	F – Valor lucro recebido	8.000,00
	G – BC[73] (8.000[74] + 8.000[75])	16.000,00
	H – Imposto (G × 27,5%)	4.400,00
	I – Dedução	2.775,00[76]
	J – Imposto devido (H – I)	1.625,00
	K – Imposto já retido	150,00[77]
	L – Imposto a ser retido (J – K)	1.475,00
28/12/2013	M – Valor líquido (8.000 – 1.475)	6.525,00

1.3.3.3 Rendimento do trabalho de ausente no exterior a serviço do país

Os rendimentos para trabalhador residente no Brasil, mas ausente no exterior a serviço do País, através de autarquias ou repartições do governo situadas no exterior, devem ser pagos em moeda estrangeira, sendo que o imposto calculado deve ter o valor convertido para real pela cotação do dólar dos Estados Unidos da América fixada para compra pelo Banco Central do Brasil, para o último dia útil da primeira quinzena do mês anterior ao do pagamento do rendimento.

O dispositivo legal que regulamenta a retenção do imposto de renda pago a trabalhadores ausentes é o art. 44 do Regulamento do Imposto de Renda.[78]

---

[72] Valor informado na última coluna da tabela.

[73] Base de cálculo do imposto de renda.

[74] Valor recebido em 30.6.2013.

[75] Valor recebido em 28.12.2013.

[76] Valor informado na última coluna da tabela.

[77] Valor retido em 28.6.2013.

[78] Art. 44. No caso de rendimentos do trabalho assalariado recebidos, em moeda estrangeira, por ausentes no exterior a serviço do País, de autarquias ou repartições do Governo brasileiro, situadas

A base de cálculo do imposto de renda corresponde a 25% do total dos rendimentos recebidos do governo brasileiro, ainda podendo ser deduzidas dos valores pagos ou creditados as seguintes verbas:

a) as importâncias pagas a título de pensão alimentícia, quando em cumprimento de decisão judicial ou acordo homologado judicialmente, inclusive a prestação de alimentos provisionais;

b) a quantia de R$ 106,00 por dependente;

c) as contribuições para a Previdência Social da União, dos Estados, do Distrito Federal e dos Municípios;

d) as contribuições para as entidades de previdência privada domiciliadas no Brasil e as contribuições para o Fundo de Aposentadoria Programada Individual (Fapi), cujo ônus tenha sido do contribuinte, destinadas a custear benefícios complementares assemelhados aos da Previdência Social, no caso de trabalhador com vínculo empregatício ou de administradores.

Os valores das deduções dos rendimentos são convertidos para o real, de acordo com os mesmos critérios para os rendimentos, ou seja, pelo valor do dólar dos Estados Unidos da América fixado para compra pelo Banco Central do Brasil para o último dia útil da primeira quinzena do mês anterior ao do pagamento do rendimento.

O imposto é calculado com base na tabela progressiva, com alíquota de redução do imposto de acordo com a faixa de salário.

Exemplo – Um contribuinte ausente do país a serviço do governo recebeu, em 20 de julho de 2013, os rendimentos com as seguintes informações:

Salário: US$ 30.000,00

Dependentes: 2

Pensão alimentícia: US$ 3.000,00

---

no exterior, consideram-se tributável vinte e cinco por cento do total recebido (Lei nº 9.250, de 1995, art. 5º e § 3º).

Parágrafo único. Os rendimentos serão convertidos em reais mediante utilização do valor do dólar dos Estados Unidos da América fixado para compra pelo Banco Central do Brasil para o último dia útil da primeira quinzena do mês anterior ao do pagamento do rendimento (Lei nº 9.250, de 1995, art. 5º, § 1º).

Primeiro Passo: Converter os valores em dólar para real, com base na cotação do dólar dos Estados Unidos da América fixado para compra pelo Banco Central do Brasil do dia 14 de junho de 2013, último dia útil da primeira quinzena do mês de junho.

Descrição	Salário	Pensão alimentícia
Valor em US$	30.000,00	3.000,00
Cotação do dólar[79]	2,139	2,139
Valor em real	64.170,00	6.417,00

Segundo Passo: Definir o valor do rendimento que deve ser tributado pelo imposto de renda, tendo em vista que a legislação determina que, em relação aos valores pagos a ausente do país a serviço do governo, a renda tributável é somente 25% do total recebido.

Assim, o rendimento tributado será de R$ 16.042,00, conforme demonstrado a seguir:

Descrição	Valor
Rendimento total em real	64.170,00
Percentual tributável	25%
Rendimento tributável	16.042,00

Terceiro Passo: Calcular o imposto de renda com base na tabela progressiva.

---

[79] Cotação do dólar em 14.6.2013.

Descrição	Salário
A – Rendimentos	16.042,00
B – Dedução	
B.1 Por dependente	343,94[80]
B.2 Pensão alimentícia	6.417,00
B.3 Soma das deduções	6.760,94
C – BC[81] (A – B.3)	9.281,06
D – Alíquota	27,5%
E – Imposto (C × D)	2.552,29
F – Dedução do imposto	790,58[82]
G – Imposto de Renda (G – F)	1.761,71

O imposto deve ser recolhido até o último dia do segundo decêndio do mês subsequente ao fato gerador, que foi o pagamento ou crédito, conforme determina a letra *d* do inciso I, do art. 70, da Lei nº 11.196/2005.[83]

1.3.3.4 Rendimentos do trabalho sem vínculo empregatício

Todos os pagamentos realizados por pessoas jurídicas a pessoa física terão sempre a retenção do imposto de renda com base na tabela progressiva, com ex-

---

[80] Valor correspondente às deduções por dependente = 171,97 × 2 = 343,94.

[81] BC = Base de cálculo.

[82] Conforme tabela.

[83] Art. 70. Em relação aos fatos geradores ocorridos a partir de 1º de janeiro de 2006, os recolhimentos do Imposto de Renda Retido na Fonte – IRRF e do Imposto sobre Operações de Crédito, Câmbio e Seguro, ou Relativas a Títulos ou Valores Mobiliários – IOF serão efetuados nos seguintes prazos: (Vigência)

I – IRRF:

[...]

d) até o último dia útil do 2º (segundo) decêndio do mês subsequente ao mês de ocorrência dos fatos geradores, nos demais casos; (Redação dada pela Lei nº 11.933, de 2009).

ceção de quando se tratar de rendimento isento do referido tributo pela natureza da renda ou limite, como determina o art. 628 do Decreto nº 3.000/1999.[84]

Do cálculo do imposto de renda

O cálculo do imposto de renda será com base na tabela progressiva com alguns detalhes que serão comentados a seguir:

a) Nas deduções da base de cálculo é permitido deduzir dos rendimentos tributáveis as seguintes verbas:

a.1 – as importâncias pagas a título de pensão alimentícia, quando em cumprimento de decisão judicial ou acordo homologado judicialmente, inclusive a prestação de alimentos provisionais;

a.2 – a quantia de R$ 171,97 por dependente;

a.3 – as contribuições para a Previdência Social da União, dos Estados, do Distrito Federal e dos Municípios.

Dos rendimentos tributáveis

Nos pagamentos ou créditos de pessoas jurídicas às pessoas físicas relativos a serviços de transporte, quando o beneficiário for o proprietário, ainda que seja somente a posse nas modalidades de locação, com reserva de domínio ou alienação fiduciária, o rendimento será definido nas seguintes condições:

a) 40% do rendimento decorrente do transporte de carga; e

b) 60% do rendimento quando relativo a transporte de passageiros.

Assim, o rendimento tributável será definido com os percentuais acima.

Tomando como base as informações apresentadas até aqui sobre a retenção de imposto de renda sobre os pagamentos ou crédito relativos a serviços de transporte, veja o exemplo a seguir:

Exemplo – Uma empresa fez um pagamento a uma pessoa física com as seguintes informações: (a) Natureza do serviço: transporte de carga; (b) Valor do rendimento bruto R$ 10.000,00; (c) Pensão alimentícia R$ 3.000,00; (d) Dois dependentes.

---

[84] Art. 628. Estão sujeitos à incidência do imposto na fonte, calculado na forma do art. 620, os rendimentos do trabalho não assalariado, pagos por pessoas jurídicas, inclusive por cooperativas e pessoas jurídicas de direito público, a pessoas físicas (Lei nº 7.713, de 1988, art. 7º, inciso II).

Primeiro Passo: Definir o valor tributável

Como o pagamento refere-se a serviço de transporte de cargas, o rendimento tributável será R$ 4.000,00, conforme demonstrado:

Descrição	Valor
A – Valor do pagamento	10.000,00
B – Percentual	40%
C – Valor tributável (A – B)	4.000,00

Segundo Passo: Os procedimentos dos cálculos do imposto de renda são os seguintes:

Descrição	Salário
A – Rendimentos	4.000,00
B – Dedução	
B.1 Por dependente	343,94[85]
B.2 Pensão alimentícia	2.000,00
B.3 Soma das deduções	2.323,94
C – BC[86] (A – B.3)	1.676,06
D – Alíquota	0%
E – Imposto de Renda (C × D)	–

Neste caso, não há retenção de imposto renda, tendo em vista que, após as deduções, o valor ficou inferior ao limite de isenção.

Dando continuidade ao mesmo exemplo, eliminando apenas a pensão alimentícia, veja como fica o valor de retenção:

---

[85] Valor correspondente às deduções por dependente = 171,97 × 2 = 343,94.

[86] BC = Base de cálculo.

Descrição	Salário
A – Rendimentos	4.000,00[87]
B – Dedução	
B.1 Por dependente	343,94[88]
B.2 Soma das deduções	343,94
C – BC[89] (A – B.3)	3.656,06
D – Alíquota	22,5%
E – Imposto (C × D)	822,61
F – Dedução do imposto	577,00[90]
G – Imposto de Renda (G – F)	245,61

Dúvidas não pairam mais sobre o assunto retenção de imposto de renda sobre serviços de transporte de carga. Para finalizar, a seguir será demonstrado o cálculo do imposto de renda sobre o pagamento de serviços de transporte de carga.

Exemplo: Uma empresa fez um pagamento a uma pessoa física com as seguintes informações: (a) Natureza do serviço: transporte de carga; (b) Valor do rendimento bruto R$ 10.000,00; (c) Pensão alimentícia R$ 3.000,00; (d) Dois dependentes.

Primeiro Passo: Definir o valor tributável

Como o pagamento refere-se a serviço de transporte de cargas, o rendimento tributável será R$ 6.000,00, conforme demonstrado:

Descrição	Valor
A – Valor do pagamento	10.000,00
B – Percentual	60%
C – Valor tributável (A – B)	6.000,00

---

[87] Corresponde a 40% do pagamento de serviços de transporte de carga (10.000 × 40%).

[88] Valor correspondente às deduções por dependente = 171,97 × 2 = 343,94.

[89] BC = Base de cálculo.

[90] Conforme tabela.

Segundo Passo: Os procedimentos dos cálculos do imposto de renda são os seguintes:

Descrição	Salário
A – Rendimentos	6.000,00
B – Dedução	
B.1 Por dependente	343,94[91]
B.2 Pensão alimentícia	2.000,00
B.3 Soma das deduções	2.323,94
C – BC[92] (A – B.3)	3.676,06
D – Alíquota	22,5%
E – Imposto de Renda (C × D)	827,10
F – Dedução do imposto	577,00[93]
G – Imposto de Renda (G – F)	250,10

Quando do pagamento ou crédito o beneficiário não for identificado, os procedimentos fiscais, com relação à retenção do imposto de renda, serão iguais aos dos rendimentos indiretos na mesma situação.

Com efeito, para fins de cálculo do imposto, o valor pago ou creditado para beneficiário não identificado será considerado como valor líquido.

Dessa forma, o valor do pagamento deverá ser ajustado para fins de retenção do imposto de renda.

Os pagamentos efetuados por cooperativas de trabalho a associados pessoas físicas estão sujeitos à incidência do imposto sobre a renda na fonte, com base na tabela progressiva mensal.

A seguir será comentada a retenção de imposto de renda sobre os rendimentos decorrentes de decisões judiciais.

---

[91] Valor correspondente às deduções por dependente = 171,97 × 2 = 343,94.

[92] BC = Base de cálculo.

[93] Conforme tabela.

1.3.3.5 Rendimento decorrente de decisão da Justiça do Trabalho, exceto aqueles referentes a aposentadorias e pensões

O art. 28 da Lei nº 10.833/2003 institui a retenção do imposto de renda sobre os pagamentos ou créditos realizados por pessoas jurídicas ou físicas em cumprimento de decisão ou acordo homologado pela justiça do trabalho.[94]

A retenção nos pagamentos ou créditos realizados por pessoa física por determinação da justiça do trabalho, como comentado, é a única exceção à regra de que a responsabilidade pelo recolhimento do tributo, quando transferido, sempre será de pessoas jurídicas.

Os rendimentos pagos ou creditados à reclamante, em cumprimento de decisão homologada pela Justiça do Trabalho, sujeitos à tributação na fonte com o imposto de renda, são todos renda, inclusive atualização monetária e juros.

Ainda estão sujeitos à tributação na fonte pelo imposto de renda os valores pagos ou creditados aos profissionais no curso do processo, referentes a despesas necessárias, tais como:

I – os honorários pagos a perito e o respectivo imposto de renda retido na fonte;

---

[94] Art. 28. Cabe à fonte pagadora, no prazo de 15 (quinze) dias da data da retenção de que trata o *caput* do art. 46 da Lei nº 8.541, de 23 de dezembro de 1992, comprovar, nos respectivos autos, o recolhimento do imposto de renda na fonte incidente sobre os rendimentos pagos em cumprimento de decisões da Justiça do Trabalho.

§ 1º Na hipótese de omissão da fonte pagadora relativamente à comprovação de que trata o *caput*, e nos pagamentos de honorários periciais, competirá ao Juízo do Trabalho calcular o imposto de renda na fonte e determinar o seu recolhimento à instituição financeira depositária do crédito.

§ 2º A não indicação pela fonte pagadora da natureza jurídica das parcelas objeto de acordo homologado perante a Justiça do Trabalho acarretará a incidência do imposto de renda na fonte sobre o valor total da avença.

§ 3º A instituição financeira deverá, na forma, prazo e condições estabelecidas pela Secretaria da Receita Federal, fornecer à pessoa física beneficiária o Comprovante de Rendimentos Pagos e de Retenção do Imposto de Renda na Fonte, bem como apresentar à Secretaria da Receita Federal declaração contendo informações sobre:

I – os pagamentos efetuados à reclamante e o respectivo imposto de renda retido na fonte, na hipótese do § 1º;

II – os honorários pagos a perito e o respectivo imposto de renda retido na fonte;

III – as importâncias pagas a título de honorários assistenciais de que trata o art. 16 da Lei nº 5.584, de 26 de junho de 1970;

IV – a indicação do advogado da reclamante.

II – as importâncias pagas a título de honorários assistenciais;

III – a indicação do advogado da reclamante;

IV – o número do processo judicial, a vara e a cidade ou comarca.

O imposto de renda incidente sobre os rendimentos acima mencionados é calculado separadamente dos rendimentos do reclamante.

Não será incluído na base de cálculo do imposto de renda o seguinte:

I – Juros e indenizações por lucros cessantes; e

II – Honorários advocatícios e remuneração pela prestação de serviços no curso do processo judicial, tais como: serviços de engenharia, médico, contador, perito, assistente técnico, avaliador, leiloeiro, síndico, testamenteiro, liquidante.

O item I, que trata da incidência do imposto de renda, juros e indenizações sobre lucro cessante, deixa claro que essa isenção é somente sobre o montante dos juros calculados sobre o valor a ser indenizado.

Dessa forma, os juros calculados sobre rendimentos salariais, ou qualquer outro tipo de rendimento, estão sujeitos à retenção do imposto de renda na fonte.

O imposto de renda calculado em cumprimento de decisão judicial terá a seguinte fórmula:

a) Quando os beneficiários forem pessoas físicas, o imposto de renda deve ser calculado de acordo com a tabela progressiva.

b) Quando os beneficiários forem pessoas jurídicas, o imposto de renda será 1,5% sobre o pagamento.

Importante lembrar que, nos casos de pagamentos ou créditos de rendimentos acumulados decorrentes de decisões das Justiças do Trabalho, Federal, Estaduais e do Distrito Federal, devem ser abrangidos rendimentos, tais como o 13º salário e quaisquer acréscimos e juros.

O cálculo do imposto será sobre o montante dos rendimentos pagos, mediante a utilização de tabela progressiva resultante da multiplicação da quantidade de meses do período base dos rendimentos recebidos naquele mês.

Para um melhor entendimento será dado o exemplo de um determinado contribuinte que ganhou na justiça uma ação em que uma fonte pagadora deve salários correspondentes ao período de 10 meses, então deve fazer o seguinte cálculo:

Descrição	Nº de meses	Valor para considerar
Limite de isenção	10	17.107,80[95]
Dependentes	2	6.878,80[96]

Dessa forma, caso o valor líquido recebido seja até R$ 17.107,80, não haverá retenção de imposto de renda.

No cálculo do imposto de renda a ser retido devem ser considerados todos os itens de dedução da base de cálculo conforme tabela acima apresentada.

Do montante recebido, poderão ser excluídas despesas relativas aos rendimentos tributáveis, com ação judicial necessária ao seu recebimento – inclusive de advogados, se tiverem sido pagas pelo contribuinte, sem indenização –, e deduzidas as seguintes despesas:

a) importâncias pagas em dinheiro a título de pensão alimentícia em face das normas do Direito de Família, quando em cumprimento de decisão judicial, de acordo homologado judicialmente ou de separação ou divórcio consensual realizado por escritura pública;

b) contribuições para a Previdência Social da União, dos Estados, do Distrito Federal e dos Municípios;

c) a importância de R$ 171,97 a cada dependente.

Com relação à dedução dos valores pagos referentes à pensão alimentícia, é importante observar que as separações através de sentença arbitral não podem ser deduzidas.

Ainda podem ser deduzidos da base de cálculo do imposto os valores pagos ou descontados do reclamante referentes às despesas necessárias para o recebimento do referido rendimento.

O art. 28 da Lei nº 10.833/2003 foi regulamentado pela IN/SRG nº 491/2005, determinando os seguintes procedimentos:

---

[95] Considerando um limite de isenção mês no valor de R$ 1.710,78 então (1.710,78 × 10 = 17.107,80).

[96] Considerando o limite por dependente de R$ 343,94 e que o contribuinte tem 2 (343,94 × 2 × 10).

a) A fonte pagadora deve informar, no prazo de 15 dias a partir da data do pagamento da retenção no auto, o comprovante do recolhimento do tributo.

b) A fonte pagadora também deve informar a natureza jurídica dos rendimentos.

A indicação da natureza jurídica do rendimento é importante, principalmente quando existem no pagamento ou nos créditos valores relativos à renda isenta do imposto de renda, pois, na falta dessa informação, a retenção será sobre a totalidade.

A Instrução Normativa nº 491/2005 determina que, sobre os rendimentos pagos acumulados, deve ser aplicada a alíquota vigente na data do pagamento.

Com efeito, o Superior Tribunal de Justiça – STJ, no RES 704845 PR 2004/0165417-3 (STJ), decisão publicada em 16.09.2008, decidiu que a alíquota a ser aplicada é aquela da época em que o rendimento era devido, conforme ementa a seguir:

"Ementa: TRIBUTÁRIO. IMPOSTO DE RENDA RETIDO NA FONTE. IMPORTÂNCIAS PAGAS EM DECORRÊNCIA DE SENTENÇA TRABALHISTA. RESPONSABILIDADE PELO RECOLHIMENTO DO IMPOSTO. FONTE PAGADORA E CONTRIBUINTE. INCLUSÃO DE MULTA. RENDIMENTOS ACUMULADOS. ALÍQUOTA APLICÁVEL. 1. O Superior Tribunal de Justiça vem entendendo que cabe à fonte pagadora o recolhimento do tributo devido. Porém, a omissão da fonte pagadora não exclui a responsabilidade do contribuinte pelo pagamento do imposto, o qual fica obrigado a declarar o valor recebido em sua declaração de ajuste anual. 2. No cálculo do imposto incidente sobre os rendimentos pagos acumuladamente em decorrência de decisão judicial, devem ser aplicadas as alíquotas vigentes à época em que eram devidos os referidos rendimentos. 3. É indevida a imposição de multa ao contribuinte quando não há, por parte dele, intenção deliberada de omitir os valores devidos a título de imposto de renda ou de não recolhê-los. *A contrario sensu*, a multa é devida quando é feita a declaração, mas não é feito o respectivo recolhimento. 4. Hipótese em que, por ocasião do Ajuste Anual, haveria de recolher o débito declarado, sob pena da multa correspondente prevista no art. 44, I, da Lei nº 9.430/96 e juros aplicáveis. 5. Recurso especial parcialmente provido."

Com base na posição do Poder Judiciário, o Procurador-Geral da Fazenda Nacional editou o Ato Declaratório nº 1, de 2009, declarando que, relativamente à hipótese nele prevista, ficam autorizadas a dispensa de interposição de recursos e a desistência dos já interpostos, desde que inexista outro fundamento relevante.

O Ato Declaratório nº 1, de 2009, determina que, para o cálculo do imposto aplicado na renda incidente sobre rendimentos pagos acumuladamente, devem ser levadas em consideração as tabelas e alíquotas das épocas próprias a que se referem tais rendimentos, devendo o cálculo ser mensal e não global.

Os cálculos do imposto de renda sobre estes rendimentos são os mesmos procedimentos de exemplos anteriores, aplicando-se a tabela progressiva, portanto não precisa ser citado exemplo, visto que bastam apenas algumas observações, tais como:

a) Não incluir nos rendimentos tributáveis as verbas isentas do imposto de renda como o lucro cessante e os acréscimos dessa indenização.

b) No 13º salário deve ser calculado o imposto de renda separado das demais verbas.

c) De acordo com o Ato Declaratório nº 1 da Procuradoria-Geral da Fazenda Nacional, deve ser aplicada a tabela progressiva correspondente à época em que o rendimento deveria ter sido pago.

d) As deduções por dependente podem ser multiplicadas pelo número de meses correspondentes ao período.

e) Quando houver pagamento de outros rendimentos, a qualquer título, deve ser somado aos valores pagos acumulados.

f) A dedução do imposto deve ser multiplicada pela quantidade de meses.

A seguir será comentado o pagamento acumulado de rendimento proveniente de aposentadoria e pensões.

1.3.3.6 *Rendimentos acumulados referentes a aposentadoria e outros*

Os pagamentos por pessoas físicas ou jurídicas relativos a rendimentos acumuladamente decorrentes de aposentadoria, pensão, transferência para a reserva remunerada ou reforma exceto aqueles pagos pelas entidades de previdência complementar, conforme art. 2º da IN/RFB nº 1.127/2011.[97] O imposto de renda

---

[97] Art. 2º Os RRA, a partir de 28 de julho de 2010, relativos a anos-calendário anteriores ao do recebimento, serão tributados exclusivamente na fonte, no mês do recebimento ou crédito, em separado dos demais rendimentos recebidos no mês, quando decorrentes de:

I – aposentadoria, pensão, transferência para a reserva remunerada ou reforma, pagos pela Previdência Social da União, dos Estados, do Distrito Federal e dos Municípios; e

II – rendimentos do trabalho.

é calculado com base na tabela progressiva, com a diferença básica de que rendimentos de anos anteriores são tributados exclusivamente na fonte do mês do recebimento.

O contribuinte poderá, opcionalmente, incluir esta renda na Declaração de ajuste anual somando aos rendimentos como tributável. Nesses casos, o imposto retido será considerado antecipação. Essa opção é irretratável, conforme art. 7º da IN/RFB nº 1.127/2011.[98]

A opção para incluir essa renda como rendimentos tributáveis na declaração de ajuste anual será feita na data da entrega.

---

§ 1º Aplica-se o disposto no *caput*, inclusive, aos rendimentos decorrentes de decisões das Justiças do Trabalho, Federal, Estaduais e do Distrito Federal.

§ 2º Os rendimentos a que se refere o *caput* abrangem o décimo terceiro salário e quaisquer acréscimos e juros deles decorrentes.

§ 3º O disposto no *caput* não se aplica aos rendimentos pagos pelas entidades de previdência complementar. (Incluído pela Instrução Normativa RFB nº 1.261, de 20 de março de 2012).

[98] Art. 7º O somatório dos rendimentos de que trata o art. 2º, recebidos no decorrer do ano-calendário, observado o disposto no art. 4º, poderá integrar a base de cálculo do Imposto sobre a Renda na Declaração de Ajuste Anual (DAA) do ano-calendário do recebimento, à opção irretratável do contribuinte.

Parágrafo único. Na hipótese do *caput*, o IRRF será considerado antecipação do imposto devido apurado na DAA.

§ 1º O IRRF será considerado antecipação do imposto devido apurado na DAA. (Renumerado com nova redação dada pela Instrução Normativa RFB nº 1.170, de 1º de julho de 2011).

§ 2º A opção de que trata o *caput*: (Incluído pela Instrução Normativa RFB nº 1.170, de 1º de julho de 2011).

I – será exercida na DAA; (Incluído pela Instrução Normativa RFB nº 1.170, de 1º de julho de 2011).

II – não poderá ser alterada, ressalvadas as hipóteses em que: (Incluído pela Instrução Normativa RFB nº 1.170, de 1º de julho de 2011).

a) a sua modificação ocorra no prazo fixado para a apresentação da DAA; (Incluído pela Instrução Normativa RFB nº 1.170, de 1º de julho de 2011).

b) a fonte pagadora, relativamente à DAA do exercício de 2011, ano-calendário de 2010, não tenha fornecido à pessoa física beneficiária o comprovante a que se refere o art. 6º ou, quando fornecido, o fez de modo incompleto ou impreciso, de forma a prejudicar o exercício da opção. (Incluído pela Instrução Normativa RFB nº 1.170, de 1º de julho de 2011).

§ 3º No caso de que trata a alínea *b* do inciso II do § 2º, após o prazo fixado para a apresentação da DAA, a retificação poderá ser efetuada, uma única vez, até 31 de dezembro de 2011. (Incluído pela Instrução Normativa RFB nº 1.170, de 1º de julho de 2011).

O 13º salário será considerado rendimento acumulado normal, tendo em vista que o tratamento fiscal, conforme o § 2º do art. 2º da IN/RFB nº 1.127/11 determina que seja considerado da mesma natureza de renda.[99]

Quanto aos critérios de aplicação da tabela progressiva, são os mesmos com relação ao pagamento por decisão judicial homologada pela Justiça do Trabalho.

Para efeito de cálculo do imposto de renda, poderão ser deduzidas as despesas necessárias para o recebimento dos rendimentos, como determina o art. 4º da IN/RFB nº 1.127/11.[100]

1.3.3.7 *Resgate de previdência privada e Fapi*

A Previdência Privada é uma opção feita pelo trabalhador, na qual ele contribui com um sistema de aposentadoria que não está ligado ao Instituto Nacional do Seguro Social (INSS), mas que acumula recursos que garantem uma renda mensal, especialmente no período em que se deseja parar de trabalhar.

O Fundo de Aposentadoria Programada Individual – Fapi foi instituído pela Lei nº 9.477/97 destinado a trabalhadores ou empregadores detentores de plano de incentivo de aposentadoria programada individual.[101]

Os contribuintes participantes de previdência privada e Fapi que ingressaram desde 1º de janeiro de 2005 podem fazer a opção pelo plano em que a tributação será exclusivamente na fonte.

A tributação exclusivamente na fonte significa dizer que os valores resgatados não são incluídos na declaração de ajuste anual, ou seja, a tributação será somente no ato do resgate e a responsabilidade pelo cumprimento da obrigação do recolhimento do imposto de renda será a fonte pagadora.

Dessa forma, existem dois regimes de tributação para os resgates de previdência privada, que são:

---

[99] § 2º Os rendimentos a que se refere o *caput* abrangem o décimo terceiro salário e quaisquer acréscimos e juros deles decorrentes.

[100] Art. 4º Do montante a que se refere o art. 3º poderão ser excluídas despesas, relativas aos rendimentos tributáveis, com ação judicial necessária ao seu recebimento, inclusive de advogados, se tiverem sido pagas pelo contribuinte, sem indenização.

[101] Art. 1º É autorizada a instituição de Fundos de Aposentadoria Programada Individual – FAPI, com recursos do trabalhador ou de empregador detentor de Plano de Incentivo à Aposentadoria Programada Individual, destinado a seus empregados e administradores.

a) o contribuinte que fez a opção pelo regime de tributação exclusivamente na fonte;

b) o contribuinte que não fez a opção pelo regime de tributação exclusivamente na fonte.

Quando o contribuinte faz a opção pelo regime de tributação exclusivamente na fonte, será adotada a tributação regressiva, ou seja, quanto maior o prazo para resgate menor a taxa a ser aplicada sobre a base de cálculo.

As alíquotas sobre os resgates dependem do prazo para resgate, conforme a seguir demonstrado:

Descrição	Taxa
Prazo de acumulação inferior ou igual a dois anos	35%
Prazo de acumulação superior a dois anos e inferior ou igual a quatro anos	30%
Prazo de acumulação superior a quatro anos e inferior ou igual a seis anos	25%
Prazo de acumulação superior a seis anos e inferior ou igual a oito anos	20%
Prazo de acumulação superior a oito anos e inferior ou igual a dez anos	15%
Prazo de acumulação superior a dez anos	10%

Ainda serão tributados exclusivamente na fonte, com as alíquotas acima mencionadas, os resgates de prêmio de seguro de vida com cláusula de cobertura por sobrevivência.

Com efeito, quando o contribuinte não faz a opção pela tributação exclusivamente na fonte, a alíquota será de 15% sobre a base de cálculo.

A base de cálculo dependerá do plano escolhido pelo contribuinte, que são dois:

a) Plano gerador de benefício livre – PGBL

b) Vida geradora de benefício livre – VGBL

Não cabe neste livro fazer comentários amplos sobre aplicações em previdências privadas, mas somente sobre os aspectos tributários. Então, com relação à legislação tributária, as diferenças entre as duas modalidades são as seguintes:

No PGBL, o contribuinte, na declaração de ajuste anual, poderá deduzir das receitas tributáveis os valores pagos como previdência privada limitada a 12% da renda bruta anual. Com efeito, no resgate será a totalidade do valor recebido com as alíquotas, de acordo com a opção feita pelo contribuinte.

Exemplo – Um contribuinte, durante 12 anos, fez aplicações em previdência privada e teve rendimentos, conforme a seguir demonstrados:

Ano	Renda bruta	PGBL
01	120.000,00	14.000,00
02	120.000,00	14.000,00
03	120.000,00	14.000,00
04	120.000,00	14.000,00
05	120.000,00	14.000,00
06	120.000,00	14.000,00
07	120.000,00	20.000,00
08	120.000,00	20.000,00
09	120.000,00	20.000,00
10	120.000,00	20.000,00
11	120.000,00	20.000,00
12	120.000,00	20.000,00

A seguir está a tabela progressiva anual para 2013 para ser feita uma simulação com os dados acima:

Base de cálculo	Alíquota	Parcela a deduzir do IR (em R$)
de 0,00 a 20.529,36	0%	–
de 20.529,37 até 30.766,92	7,5%	1.539,70
de 30.766,93 até 41.023,08	15%	3.847,22
de 41.023,09 até 51.259,08	22,5%	6.923,95
acima de 51.259,08	27,5%	9.486,91

Com base nas informações acima, somente com a finalidade de explicar melhor, será considerada a tabela progressiva de 2013 para todos os anos.

Resumo do cálculo do imposto de renda na declaração anual do contribuinte, conforme a seguir:

Ano	Renda bruta	PGBL	Redução[102]	Base de Cálculo[103]	Imposto de Renda	Dedução	Imposto devido
01	120.000,00	14.000,00	14.000,00	106.000,00	29.150,00	9.487,00	19.663,00
02	120.000,00	14.000,00	14.000,00	106.000,00	29.150,00	9.487,00	19.663,00
03	120.000,00	14.000,00	14.000,00	106.000,00	29.150,00	9.487,00	19.663,00
04	120.000,00	14.000,00	14.000,00	106.000,00	29.150,00	9.487,00	19.663,00
05	120.000,00	14.000,00	14.000,00	106.000,00	29.150,00	9.487,00	19.663,00
06	120.000,00	14.000,00	14.000,00	106.000,00	29.150,00	9.487,00	19.663,00
07	120.000,00	20.000,00	14.400,00	105.600,00	29.040,00	9.487,00	19.553,00
08	120.000,00	20.000,00	14.400,00	105.600,00	29.040,00	9.487,00	19.553,00
09	120.000,00	20.000,00	14.400,00	105.600,00	29.040,00	9.487,00	19.553,00
10	120.000,00	20.000,00	14.400,00	105.600,00	29.040,00	9.487,00	19.553,00
11	120.000,00	20.000,00	14.400,00	105.600,00	29.040,00	9.487,00	19.553,00
12	120.000,00	20.000,00	14.400,00	105.600,00	29.040,00	9.487,00	19.553,00
Total do imposto devido							235.296,00

Analisando o quadro acima, verifica-se que, em seis anos, a aplicação do contribuinte foi superior a 12% da renda bruta, ou seja, parte dos pagamentos não pode ser reduzida da base de cálculo do imposto de renda.

Quando ocorre a situação em que o valor pago é superior a 12% da renda bruta, em termos de planejamento tributário, o contribuinte deve fazer previdência complementar no valor que ultrapassar o limite com VGBL.

Dessa forma, o contribuinte do exemplo deveria, nos últimos seis anos, ter aplicado anualmente da seguinte forma, R$ 14.000 como PGBL e R$ 5.600 em VGBL.

Ainda sobre planejamento tributário, a aplicação em PGBL só é interessante para os contribuintes que declaram o imposto de renda pelo modelo completo.

---

[102]   Limitada a 12% da receita bruta.
[103]   Renda bruta menos a redução.

Depois de 11 anos aplicando na previdência privada, o contribuinte resolve fazer o resgate com as seguintes informações:

Descrição	Valor
Principal	204.000,00
Rendimentos	152.928,00
Total do resgate	**356.928,00**

Para fins de declaração de ajuste anual do imposto de renda pessoa física, será considerada como rendimento tributável a importância de R$ 294.528,00, conforme demonstrado acima.

Retenção do Imposto de Renda

Como comentado, existem duas situações. Assim, os procedimentos na retenção do imposto de renda dependem da opção do contribuinte pela tributação exclusivamente na fonte, ou não.

Quando o contribuinte faz a opção pela tributação exclusiva na fonte, a alíquota será de acordo com o prazo para resgate; nos casos em que não foi feita essa opção, a alíquota será de 15% sobre a base de cálculo.

A base de cálculo do imposto de renda na fonte será o valor do resgate, conforme a seguir demonstrado:

Descrição	Antecipação	Exclusivamente na fonte
Regaste	356.928,00	356.928,00
Base de cálculo	**356.928,00**	**356.928,00**
Alíquota	15%	10%[104]
Imposto de Renda	**53.539,00**	**35.692,00**

Dessa forma, a declaração do contribuinte no período do resgate, mantendo o mesmo rendimento anual de R$ 120.000,00, seria conforme a seguir demonstrado:

---

[104] Alíquota de aplicação com resgate superior a 10 anos.

Descrição	Antecipação[105]	Exclusivamente na fonte[106]
A – Rendimento fonte principal	120.000,00	120.000,00
B – Resgate previdência	356.928,00	–
C – Base de cálculo (A + B)	476.928,00	120.000,00
D – Alíquota[107]	27,5%	27,5%
E – Imposto (C × D)	131.155,00	33.000,00
F – Dedução	9.486[108]	9.486,00
G – Imposto devido (E – F)	121.669,00	23.514,00
H – Imposto retido[109]	53.539,00	–
I – Imposto a recolher (G – H)	**68.130,00**	**23.514,00**
Rendimentos Tributados exclusivamente na fonte	–	**265.076,00**

Dúvidas não pairam sobre as aplicações em previdência privada no plano PGBL, portanto passa-se a comentar sobre o VGBL.

No plano VGBL, o contribuinte não pode considerar os pagamentos no período como redução da base de cálculo do imposto de renda na declaração de ajuste anual. Na declaração de ajuste anual, os pagamentos referentes à VGBL devem ser informados como bens e direito. Na época do resgate da aplicação de previdência privada com a natureza de VGBL, será considerada como renda tributável somente a diferença positiva entre declaração com bens e direito e o valor do resgate. Para um melhor entendimento, a seguir será demonstrado o passo a passo do mesmo exemplo, porém com o plano VGBL.

Resumo do cálculo do imposto de renda na declaração anual do contribuinte, conforme a seguir:

---

[105] O contribuinte não fez a opção pela tributação exclusiva na fonte nas aplicações em previdência privada.

[106] O contribuinte fez a opção pela tributação exclusiva na fonte sobre as aplicações em previdência privada.

[107] Informação na tabela progressiva de acordo com a faixa de rendimento.

[108] Valor informado na tabela progressiva com dedução para a alíquota de 27,5%.

[109] Está sendo considerado que somente a fonte pagadora da previdência privada fez retenção de imposto de renda.

Ano	Renda bruta	Base de cálculo	Imposto de Renda	Dedução	Imposto devido
01	120.000,00	120.000,00	33.000,00	9.487,00	23.513,00
02	120.000,00	120.000,00	33.000,00	9.487,00	23.513,00
03	120.000,00	120.000,00	33.000,00	9.487,00	23.513,00
04	120.000,00	120.000,00	33.000,00	9.487,00	23.513,00
05	120.000,00	120.000,00	33.000,00	9.487,00	23.513,00
06	120.000,00	120.000,00	33.000,00	9.487,00	23.513,00
07	120.000,00	120.000,00	33.000,00	9.487,00	23.513,00
08	120.000,00	120.000,00	33.000,00	9.487,00	23.513,00
09	120.000,00	120.000,00	33.000,00	9.487,00	23.513,00
10	120.000,00	120.000,00	33.000,00	9.487,00	23.513,00
11	120.000,00	120.000,00	33.000,00	9.487,00	23.513,00
12	120.000,00	120.000,00	33.000,00	9.487,00	23.513,00
Total do imposto pago					**282.156,00**

O imposto de renda apurado sem a dedução da base cálculo dos valores pagos a título de previdência privada (VGBL) do período de 10 anos foi a maior em R$ 46.860,00, conforme a seguir demonstrado:

Descrição	IR/PGBL	IR/VGBL
Imposto de renda pago	235.296,00	282.156,00
Diferença		**46.860,00**

Falta fazer o cálculo do imposto de renda retido sobre o resgate do VGBL. Quando o contribuinte opta pela tributação exclusiva, serão somente os rendimentos sobre os valores resgatados.

Dando continuidade ao exemplo anterior, com 11 anos, o contribuinte fez o resgate da aplicação em previdência privada na modalidade VGBL.

O primeiro passo é definir qual o valor da base de cálculo do imposto de renda, que será a diferença positiva entre o valor aplicado e o resgate no montante de R$ 152.928,00, conforme a seguir demonstrado:

Descrição	Valor
Principal	204.000,00
Valor do resgate	356.928,00
Rendimento	**152.928,00**

Desta forma, o cálculo do imposto de renda na fonte será da seguinte forma:

Descrição	Antecipação	Exclusivamente na fonte
Rendimento	152.928,00	152.928,00
Alíquota	15%	10%[110]
Imposto de renda	**22.939,00**	**15.292,00**

Com relação à declaração de imposto de renda do contribuinte, será da seguinte forma:

---

[110] Alíquota de aplicação com resgate superior a 10 anos.

Descrição	Antecipação[111]	Exclusivamente na fonte[112]
A – Rendimento fonte principal	120.000,00	120.000,00
B – Resgate previdência	152.928,00	–
C – Base de cálculo (A + B)	272.928,00	120.000,00
D – Alíquota[113]	27,5%	27,5%
E – Imposto (C × D)	75.055,00	33.000,00
F – Dedução	9.486,00[114]	9.486,00
G – Imposto devido (E – F)	65.569,00	23.514,00
H – Imposto retido[115]	22.939,00	–
I – Imposto a recolher (G – H)	**42.630,00**	**23.514,00**
Rendimentos tributados exclusivamente na fonte	–	**137.636,00**

Como não poderia ser diferente, a seguir está um demonstrativo do custo tributário para o contribuinte nas duas modalidades para se fazer análise para fins de planejamento tributário.

---

[111] O contribuinte não fez a opção pela tributação exclusiva na fonte nas aplicações em previdência privada.

[112] O contribuinte fez a opção pela tributação exclusiva na fonte sobre as aplicações em previdência privada.

[113] Informação na tabela progressiva de acordo com a faixa de rendimento

[114] Valor informado na tabela progressiva com dedução para a alíquota de 27,5%.

[115] Está sendo considerado que somente a fonte pagadora da previdência privada fez retenção de imposto de renda.

Descrição	PGBL	VGBL
Com opção tributação exclusiva		
Imposto apurado na DIRPF[116]	235.296,00	282.156,00
Imposto apurado na DIRPF (no ano do resgate)	23.514,00	23.514,00
Imposto na fonte exclusivamente	35.692,00	15.292,00
Total	**294.502,00**	**320.962,00**
Sem a opção tributação exclusiva		
Imposto apurado na DIRPF	235.296,00	282.156,00
Imposto apurado na DIRPF (no ano do resgate)	121.669,00	65.569,00
Total	**356.965,00**	**347.725,00**

Dessa forma, ficaram demonstrados os cálculos do imposto de renda a serem retidos na fonte sobre os resgates de previdência privada, assim também como devem ser informados na declaração de ajuste anual do imposto de renda.

Da isenção e não incidência

Existem duas situações em que não há a incidência do imposto de renda sobre o resgate de previdência privada:

a) No resgate pelo desligamento da pessoa física da previdência privada, em que o ônus das aplicações foi deste, ou seja, referente a reembolso dos valores desembolsados pelo contribuinte que está recebendo o recurso nesta condição, conforme determina o art. 18 da IN/SRF nº 588/05.[117]

b) Na portabilidade de reservas e provisões de uma entidade de previdência privada para outra em nome do mesmo contribuinte, conforme o art. 20 da IN/SRF nº 588/05.[118]

---

[116] DIRPF = Declaração de Imposto de Renda Pessoa Física.

[117] Art. 18. Exclui-se da incidência do imposto de renda, na fonte e na Declaração de Ajuste Anual, o valor do resgate, total ou parcial, de contribuições de previdência complementar, cujo ônus tenha sido da pessoa física, recebido por ocasião de seu desligamento do plano de benefícios da entidade, que corresponder às parcelas de contribuições efetuadas no período de 1º de janeiro de 1989 a 31 de dezembro de 1995.

[118] Art. 20. Não incidem tributos e contribuições de qualquer natureza, inclusive Contribuição Provisória sobre a Movimentação ou Transmissão de Valores e de Créditos e Direitos de Natureza

Imposto de Renda sobre Rendimentos de Residentes ou Domiciliados no País **59**

1.3.4 Rendimentos sobre capitais

1.3.4.1 *Aluguéis, royalties e juros pagos a pessoa física*

Como comentado, nos pagamentos realizados por pessoas jurídicas a pessoa física, referentes a rendimentos, não existe tributação específica, conforme o art. 639 do Decreto n.º 3.000/99.[119]

Com relação aos rendimentos de aluguéis, *royalties* e juros, existe tributação específica, conforme a seguir comentado.

1.3.4.1.1 Dos pagamentos de aluguéis

Consoante o art. 49 do regulamento do imposto de renda, para fins de cálculo do referido tributo, serão considerados aluguéis os seguintes rendimentos:[120]

> I – aforamento, locação ou sublocação, arrendamento ou subarrendamento, direito de uso ou passagem de terrenos, seus acrescidos e benfeitorias, inclusive construções de qualquer natureza;
>
> II – locação ou sublocação, arrendamento ou subarrendamento de pastos naturais ou artificiais, ou campos de invernada;

Financeira (CPMF), sobre a portabilidade de recursos de reservas técnicas, fundos e provisões entre planos de benefícios de entidades de previdência complementar, aberta ou fechada, titulados pelo mesmo participante, e desde que os recursos financeiros correspondentes não transitem pelo participante, sob qualquer forma.

[119] Art. 639. Estão sujeitos à incidência do imposto na fonte, calculado na forma do art. 620, quaisquer outros rendimentos pagos por pessoa jurídica a pessoa física, para os quais não haja incidência específica e não estejam incluídos entre aqueles tributados exclusivamente na fonte (Lei n.º 7.713, de 1988, arts. 3º, § 4º, e 7º, inciso II).

[120] Art. 49. São tributáveis os rendimentos decorrentes da ocupação, uso ou exploração de bens corpóreos, tais como (Decreto-lei n.º 5.844, de 1943, art. 3º, Lei n.º 4.506, de 1964, art. 21, e Lei n.º 7.713, de 1988, art. 3º, § 4º):

I – aforamento, locação ou sublocação, arrendamento ou subarrendamento, direito de uso ou passagem de terrenos, seus acrescidos e benfeitorias, inclusive construções de qualquer natureza;

II – locação ou sublocação, arrendamento ou subarrendamento de pastos naturais ou artificiais, ou campos de invernada;

III – direito de uso ou aproveitamento de águas privadas ou de força hidráulica;

IV – direito de uso ou exploração de películas cinematográficas ou de videoteipe;

V – direito de uso ou exploração de outros bens móveis de qualquer natureza;

VI – direito de exploração de conjuntos industriais.

III – direito de uso ou aproveitamento de águas privadas ou de força hidráulica;

IV – direito de uso ou exploração de películas cinematográficas ou de videoteipe;

V – direito de uso ou exploração de outros bens móveis de qualquer natureza;

VI – direito de exploração de conjuntos industriais.

No pagamento do aluguel, serão considerados como rendimentos todos os valores relacionados a essa receita da mesma natureza, tais como juros, multa por rescisão de contrato e quaisquer outras formas de compensação.

Podem ser excluídas da base de cálculo do imposto de renda sobre aluguéis as seguintes verbas, como determina o art. 50 do Decreto nº 3.000/99:[121]

I – o valor dos impostos, taxas e emolumentos incidentes sobre o bem que produzir o rendimento;

II – o aluguel pago pela locação de imóvel sublocado;

III – as despesas pagas para cobrança ou recebimento do rendimento;

IV – as despesas de condomínio.

1.3.4.1.2 Dos pagamentos de *royalties*

Os *royalties* são os rendimentos que o contribuinte recebe como compensação pelo uso, fruição ou exploração de direitos, tais como:

I – de colher ou extrair recursos vegetais, inclusive florestais;

II – de pesquisar e extrair recursos minerais;

III – de uso ou exploração de invenções, processos e fórmulas de fabricação e de marcas de indústria e comércio;

IV – autorais, salvo quando percebidos pelo autor ou criador do bem ou da obra;

---

[121] Art. 50. Não entrarão no cômputo do rendimento bruto, no caso de aluguéis de imóveis (Lei nº 7.739, de 16 de março de 1989, art. 14):

I – o valor dos impostos, taxas e emolumentos incidentes sobre o bem que produzir o rendimento;

II – o aluguel pago pela locação de imóvel sublocado;

III – as despesas pagas para cobrança ou recebimento do rendimento;

IV – as despesas de condomínio.

V – as importâncias recebidas periodicamente ou não, fixas ou variáveis, e as percentagens, participações ou interesses;

VI – os juros, comissões, corretagens, impostos, taxas e remunerações do trabalho assalariado e autônomo ou profissional, pagos a terceiros por conta do locador do bem ou do cedente dos direitos;

VII – luvas, prêmios, gratificações ou quaisquer outras importâncias pagas ao locador ou cedente do direito, pelo contrato celebrado;

VIII – as benfeitorias e quaisquer melhoramentos realizados no bem locado e as despesas para preservação dos direitos cedidos, se, de acordo com o contrato, fizerem parte da compensação pelo uso do bem ou direito;

IX – a indenização pela rescisão ou término antecipado do contrato.

Como no aluguel, serão considerados rendimentos tributáveis todos os valores agregados ao principal, como compensação pelo atraso no pagamento.

1.3.4.1.3 Dos pagamentos dos juros

Quando uma pessoa física alienar bens e direitos a prazo, e sobre estes receber parcelado, serão cobrados juros, poderão incidir as seguintes tributações:

a) Com relação à diferença positiva, se houver entre os custos de aquisição e o valor de venda, esta diferença será ganho de capital, e não terá retenção de imposto de renda.

b) Ocorre que, nos pagamentos com juros, esta renda será considerada como renda de capital, e não ganho de capital, assim terá a retenção na fonte.

Da base de cálculo e alíquota

O imposto de renda será calculado com base na tabela progressiva, e podem ser deduzidos os seguintes valores:

a) importâncias pagas em dinheiro a título de pensão alimentícia em face das normas do Direito de Família, quando em cumprimento de decisão judicial, de acordo homologado judicialmente ou de separação ou divórcio consensual realizado por escritura pública;

b) contribuições para a Previdência Social da União, dos Estados, do Distrito Federal e dos Municípios;

c) a importância de R$ 171,97 a cada dependente.

1.3.4.2 Juros sobre capital próprio

Os rendimentos de juros sobre capital próprio são remuneração aos sócios ou acionistas de pessoas jurídicas, calculados sobre o patrimônio líquido, muito utilizado como ferramenta em planejamento tributário, conforme pode-se observar no livro *Planejamento tributário na prática*, de minha autoria, que tem um capítulo específico sobre esse assunto.

Os juros sobre capital sofrem a incidência de 15% de imposto de renda retido na fonte sobre o valor pago ou creditado. No caso de contribuinte pessoa física, considera-se, em sua declaração de Imposto de Renda, como rendimento exclusivo na fonte.

Então, no caso exemplificado, terá de ser calculado o Imposto de Renda na fonte, conforme demonstração:

A – Juros sobre capital próprio	R$ 125.000,00
B – Alíquota do imposto	15%
C – IRRF (A × B)	R$ 18.750,00

Assim, o contador tem que lançar como "despesas de juros sobre capital" o montante de R$ 125.000,00, e Imposto de Renda retido na fonte, com os seguintes lançamentos:

a) Contabilização da despesa

Débito: Despesa financeira (juros sobre capital próprio).

Crédito: Juros a pagar (Conta individual para cada sócio, na proporção da participação no capital social da sociedade).

Histórico: Valor do crédito de juros sobre capital no exercício de XXXX.

Valor R$ 125.000,00

b) Contabilização do Imposto de Renda retido na fonte sobre os juros sobre capital próprio.

Débito: Juros a pagar (conta individual para cada sócio, na proporção da participação no capital social da sociedade).

Crédito: Imposto de Renda na Fonte (passivo circulante).

Histórico: Valor do IRFF sobre juros sobre capital, creditado aos sócios no exercício de XXXX.

Valor R$ 18.750,00

Da isenção da retenção do Imposto de Renda

Existem alguns pagamentos sobre os quais não há a retenção do referido tributo, que são:

a) Pagamentos às pessoas jurídicas imunes, de acordo com o inciso VI do art. 150 da Constituição Federal.[122]

b) Não existe retenção à parcela correspondente aos recursos das provisões, reservas técnicas e fundos de planos de benefícios de entidade de previdência complementar, sociedade seguradora e FAPI, bem como de seguro de vida com cláusula de cobertura por sobrevivência, nos termos do art. 5º da Lei nº 11.053, de 2004.

c) Os pagamentos a fundos de investimento regulamentados pela Comissão de Valores Mobiliários.

1.3.4.3 *Outros rendimentos de capitais*

Existem ainda diversos rendimentos de capitais sujeitos à tributação do imposto de renda na fonte no ato do pagamento.

Para não se tornar muito cansativo, apresentamos a seguir um resumo desses rendimentos, com algumas informações.

As informações dos resumos a seguir foram extraídas do Mafon 2012.

---

[122] Art. 150. Sem prejuízo de outras garantias asseguradas ao contribuinte, é vedado à União, aos Estados, ao Distrito Federal e aos Municípios:

[...]

VI – instituir impostos sobre: (Vide Emenda Constitucional nº 3, de 1993)

a) patrimônio, renda ou serviços, uns dos outros;

b) templos de qualquer culto;

c) patrimônio, renda ou serviços dos partidos políticos, inclusive suas fundações, das entidades sindicais dos trabalhadores, das instituições de educação e de assistência social, sem fins lucrativos, atendidos os requisitos da lei;

d) livros, jornais, periódicos e o papel destinado a sua impressão.

1.3.4.3.1 Aplicações financeiras de renda fixa, exceto em fundos de investimento – pessoa jurídica

Fato gerador	1. Rendimentos produzidos por aplicações financeiras de renda fixa, decorrentes de alienação, liquidação (total ou parcial), resgate, cessão ou repactuação do título ou aplicação.
	2. Rendimentos auferidos pela entrega de recursos à pessoa jurídica, sob qualquer forma e a qualquer título, independentemente de ser ou não a fonte pagadora instituição autorizada a funcionar pelo Banco Central do Brasil.
	3. Rendimentos predeterminados obtidos em operações conjugadas realizadas: nos mercados de opções de compra e venda em bolsas de valores, de mercadorias e de futuros (*box*); no mercado a termo nas bolsas de valores, de mercadorias e de futuros, em operações de venda coberta e sem ajustes diários; e no mercado de balcão.
	4. Rendimentos obtidos nas operações de transferência de dívidas realizadas com instituição financeira e outras instituições autorizadas a funcionar pelo Banco Central do Brasil.
	5. Rendimentos periódicos produzidos por título ou aplicação, bem como qualquer remuneração adicional aos rendimentos prefixados.
	6. Rendimentos auferidos nas operações de mútuo de recursos financeiros entre pessoa física e pessoa jurídica e entre pessoas jurídicas, inclusive controladoras, controladas, coligadas e interligadas.
	7. Rendimentos auferidos em operações de adiantamento sobre contratos de câmbio de exportação, não sacado (trava de câmbio), bem como operações com *export notes*, com debêntures, com depósitos voluntários para garantia de instância e com depósitos judiciais ou administrativos, quando seu levantamento se der em favor do depositante.
	8. Rendimentos obtidos nas operações de mútuo e de compra vinculada à revenda tendo por objeto ouro, ativo financeiro.
	9. Rendimentos auferidos em contas de depósitos de poupança e sobre juros produzidos por letras hipotecárias.
Beneficiário	Pessoas jurídicas, inclusive as isentas.
Alíquotas	A partir de 1ª de janeiro de 2005, aplicam-se as seguintes alíquotas: – 22,5%, em aplicações com prazo de até 180 dias; – 20%, em aplicações com prazo de 181 dias até 360 dias; – 17,5%, em aplicações com prazo de 361 dias até 720 dias; – 15%, em aplicações com prazo acima de 720 dias; – Rendimentos auferidos com debêntures alíquota 15%.
Isenção	Está dispensada a retenção na fonte sobre aplicações financeiras de renda fixa de titularidade de instituições financeiras, sociedade corretora de títulos, valores mobiliários e câmbio, sociedade distribuidora de títulos e valores mobiliários, sociedade de arrendamento mercantil, sociedade de seguro, previdência e capitalização.

1.3.4.3.2 Aplicações financeiras de renda fixa, exceto em fundos de investimento – pessoa física

Fato gerador	1. Rendimentos produzidos por aplicações financeiras de renda fixa, decorrentes de alienação, liquidação (total ou parcial), resgate, cessão ou repactuação do título ou aplicação.
	2. Rendimentos auferidos pela entrega de recursos à pessoa jurídica, sob qualquer forma e a qualquer título, independentemente de ser ou não a fonte pagadora instituição autorizada a funcionar pelo Banco Central do Brasil.
	3. Rendimentos predeterminados obtidos em operações conjugadas realizadas: nos mercados de opções de compra e venda em bolsas de valores, de mercadorias e de futuros (*box*); no mercado a termo nas bolsas de valores, de mercadorias e de futuros, em operações de venda coberta e sem ajustes diários; e no mercado de balcão.
	4. Rendimentos obtidos nas operações de transferência de dívidas realizadas com instituição financeira e outras instituições autorizadas a funcionar pelo Banco Central do Brasil.
	5. Rendimentos periódicos produzidos por título ou aplicação, bem como qualquer remuneração adicional aos rendimentos prefixados.
	6. Rendimentos auferidos nas operações de mútuo de recursos financeiros entre pessoa física e pessoa jurídica e entre pessoas jurídicas, inclusive controladoras, controladas, coligadas e interligadas.
	7. Rendimentos obtidos nas operações de mútuo e de compra vinculada à revenda tendo por objeto ouro, ativo financeiro.
	8. Rendimentos auferidos em contas de depósitos de poupança e sobre juros produzidos por letras hipotecárias.
Beneficiário	Pessoas Física.
Alíquotas	A partir de 1ª de janeiro de 2005, aplicam-se as seguintes alíquotas:
	– 22,5%, em aplicações com prazo de até 180 dias;
	– 20%, em aplicações com prazo de 181 dias até 360 dias;
	– 17,5%, em aplicações com prazo de 361 dias até 720 dias;
	– 15%, em aplicações com prazo acima de 720 dias;
	– Rendimentos auferidos com debêntures alíquota zero.
Isenção	1. Os rendimentos auferidos por pessoa física e pelos condomínios de edifícios residenciais ou comerciais em contas de depósitos de poupança.
	2. A remuneração produzida por letras hipotecárias, certificados de recebíveis imobiliários e letras de crédito imobiliário.
	3. A remuneração produzida por Certificado de Depósito Agropecuário (CDA), Warrant Agropecuário (WA), Certificado de Direitos Creditórios do Agronegócio (CDCA), Letra de Crédito do Agronegócio (LCA) e Certificado de Recebíveis do Agronegócio (CRA).
	4. A remuneração produzida pela Cédula de Produto Rural (CPR), com liquidação financeira, desde que negociada no mercado financeiro.

1.3.4.3.3 Fundos de investimento e fundos de investimento em quotas de fundos de investimento

Fato gerador	Rendimentos produzidos por aplicações em fundos de investimento e em fundos de investimento em quotas de fundos de investimento.
Beneficiário	Pessoas físicas ou pessoas jurídicas, inclusive as isentas.
Alíquotas	**Fundos de Longo Prazo** – 22,5%, em aplicações com prazo de até 180 dias; – 20%, em aplicações com prazo de 181 dias até 360 dias; – 17,5%, em aplicações com prazo de 361 dias até 720 dias; – 15%, em aplicações com prazo acima de 720 dias. **Fundos de Curto Prazo** – 22,5%, em aplicações com prazo de até 180 dias; – 20%, em aplicações com prazo acima de 180 dias.
Isenção	Estão dispensados os seguintes rendimentos: 1. Quando beneficiário do rendimento declare, por escrito, à fonte pagadora, a condição de entidade imune. 2. Quando os ganhos líquidos auferidos pelas carteiras dos fundos de investimento. 3. Auferidos pelas carteiras dos fundos de investimento, cujos recursos sejam aplicados na aquisição de quotas de outros fundos de investimento. 4. Produzidos por aplicações financeiras de titularidade de instituição financeira, sociedade corretora de títulos, valores mobiliários e câmbio, sociedade distribuidora de títulos e valores mobiliários, sociedade de arrendamento mercantil, sociedade de seguro, previdência e capitalização.

1.3.4.3.4 Fundos de investimento em ações e fundos de investimento em quotas de fundos de investimento em ações

Fato gerador	1. Rendimentos produzidos por aplicações em fundos de investimento em ações e em fundos de investimento em quotas de fundos de investimento em ações.
	2. Rendimentos produzidos por aplicações em Fundos Mútuos de Privatização com recursos do Fundo de Garantia por Tempo de Serviço (FGTS).
Beneficiário	Pessoas físicas ou pessoas jurídicas, inclusive as isentas.
Alíquotas	15% (quinze por cento).
Isenção	Está dispensada a retenção na fonte, nos rendimentos:
	1. Quando o beneficiário do rendimento declare, por escrito, à fonte pagadora, a condição de entidade imune.
	2. Nos rendimentos produzidos por aplicações financeiras de titularidade de instituição financeira, sociedade corretora de títulos, valores mobiliários e câmbio, sociedade distribuidora de títulos e valores mobiliários, sociedade de arrendamento mercantil, sociedade de seguro, previdência e capitalização.
	3. Não se aplica a parcela correspondente aos recursos das provisões, reservas técnicas e fundos de planos de benefícios de entidade de previdência complementar, sociedade seguradora e Fapi, bem como de seguro de vida com cláusula de cobertura.

1.3.4.3.5 Fundos de investimento imobiliário

Fato gerador	1. Rendimentos auferidos pela carteira dos Fundos de Investimento Imobiliário.
	2. Rendimentos distribuídos pelo Fundo aos seus cotistas.
	3. Rendimento auferido pelo cotista no resgate de cotas na liquidação do Fundo.
Beneficiário	Pessoas físicas ou pessoas jurídicas, inclusive as isentas.
Alíquotas	20% (vinte por cento).
Isenção	Está dispensada a retenção na fonte, nos rendimentos:
	1. Quando o beneficiário do rendimento declare, por escrito, à fonte pagadora, a condição de entidade imune.
	2. Os rendimentos distribuídos pelos Fundos de Investimento Imobiliário cujas quotas sejam admitidas à negociação exclusivamente em bolsas de valores ou no mercado de balcão organizado, quando o beneficiário for pessoa física, nos termos do art. 32 da IN RFB nº 1.022, de 2010.

1.3.4.3.6 Fundos de Investimento Cultural e Artístico (Ficart) e demais rendimentos de capital

Fato gerador	1. Rendimentos e ganhos de capital distribuídos pelo Fundo de Investimento Cultural e Artístico (Ficart) e pelo Fundo de Financiamento da Indústria Cinematográfica Nacional (Funcines). 2. Juros não especificados pagos a pessoa física. 3. Demais rendimentos de capital auferidos por pessoa física ou jurídica.
Beneficiário	Pessoas físicas ou pessoas jurídicas, inclusive as isentas.
Alíquotas	– 10% (dez por cento) sobre o valor dos rendimentos e ganhos de capital distribuído pelo Fundo de Investimento Cultural e Artístico (Ficart); – Alíquotas aplicáveis, nos demais casos.
Isenção	1. Ficam isentos do imposto os rendimentos e ganhos de capital auferidos pela carteira do Ficart, desde que atendidos todos os requisitos previstos na Lei nº 8.313, de 1991, e na respectiva regulamentação baixada pela Comissão de Valores Mobiliários (CVM). 2. Não se aplica a parcela correspondente aos recursos das provisões, reservas técnicas e fundos de planos de benefícios de entidade de previdência complementar, sociedade seguradora e Fapi, bem como de seguro de vida com cláusula de cobertura.

1.3.4.3.7 Rendimentos de partes beneficiárias ou de fundador

Fato gerador	1. Rendimentos e ganhos de capital distribuídos pelo Fundo de Investimento Cultural e Artístico (Ficart) e pelo Fundo de Financiamento da Indústria Cinematográfica Nacional (Funcines). 2. Juros não especificados pagos a pessoa física. 3. Demais rendimentos de capital auferidos por pessoa física ou jurídica.
Beneficiário	Pessoas físicas ou pessoas jurídicas, inclusive as isentas.
Alíquotas	Para os rendimentos obtidos por pessoas jurídicas a alíquota será de 15% (quinze por cento). Quando o beneficiário for pessoa física será aplicada a tabela progressiva com as deduções permitidas na base de cálculo.
Isenção	1. O imposto não incide sobre os rendimentos pagos a pessoa jurídica imune ou isenta ou cujas ações sejam negociadas em bolsa ou em mercado de balcão ou cuja maioria do capital pertença direta ou indiretamente a outra pessoa jurídica que atenda a essas condições. 2. Essa não incidência não se aplica no caso de entidades de previdência privada.

1.3.4.3.8 Operações de *swap*

Fato gerador	Rendimentos auferidos em operações de *swap*, inclusive nas operações de cobertura (*hedge*), realizadas por meio de *swap*.
Beneficiário	Pessoas físicas ou pessoas jurídicas, inclusive as isentas.
Alíquotas	A partir de 1º de janeiro de 2005, as alíquotas são de: – 22,5%, em aplicações com prazo de até 180 dias; – 20%, em aplicações com prazo de 181 dias até 360 dias; – 17,5%, em aplicações com prazo de 361 dias até 720 dias; – 15%, em aplicações com prazo acima de 720 dias.
Isenção	1. O imposto não incide sobre os rendimentos pagos a pessoa jurídica imune ou isenta. 2. Os rendimentos produzidos por aplicações financeiras de titularidade de instituição financeira, sociedade corretora de títulos, valores mobiliários e câmbio, sociedade distribuidora de títulos e valores mobiliários, sociedade de arrendamento mercantil, sociedade de seguro, previdência e capitalização.

1.3.4.3.9 Operações *day trade*

Fato gerador	Rendimentos auferidos em operações *day trade* realizadas em bolsa de valores, de mercadorias, de futuros e assemelhadas.
Beneficiário	Pessoas físicas ou pessoas jurídicas, inclusive as isentas.
Alíquotas	1% (um por cento) sobre o valor do resultado positivo apurado no encerramento das operações *day trade*.

1.3.4.3.10 Mercado de renda variável

Fato gerador	1. Operações realizadas em bolsas de valores, de mercadorias, de futuros, e assemelhadas, exceto *day trade*. 2. Operações realizadas no mercado de balcão, com intermediação, tendo por objeto ações, ouro ativo financeiro e outros valores mobiliários negociados no mercado à vista. 3. Operações realizadas em mercados de liquidação futura fora de bolsa.
Beneficiário	Pessoas físicas ou pessoas jurídicas, inclusive as isentas.
Alíquotas	0,005% (cinco milésimos por cento), tendo como base de cálculo.

1.3.4.4 Outros rendimentos

Este item tratará da retenção do imposto de renda na fonte sobre os rendimentos regulamentados pelos arts. 647 a 652 do Decreto nº 3.000/99:

a) rendimentos de Serviços Profissionais Prestados por Pessoas Jurídicas;

b) serviços de Limpeza, Conservação, Segurança, Vigilância e Locação de Mão de obra;

c) mediação de Negócios, Propaganda e Publicidade;

d) pagamentos a Cooperativas de Trabalho e Associações Profissionais ou Assemelhadas.

1.3.4.4.1 Rendimentos de serviços profissionais prestados por pessoas jurídicas

As pessoas jurídicas que efetuarem pagamento ou crédito para pessoas jurídicas, civis ou mercantis, pela prestação de serviços caracterizadamente de natureza profissional, devem reter na fonte 1,5% (um e meio por cento), conforme o art. 647 do Regulamento do Imposto de Renda. Importante observar que a determinação da retenção não é específica sobre a sociedade que realiza o serviço, mas a situação que gera a obrigação da retenção é a natureza do serviço.

Exemplo: uma construtora pode receber valores referentes a contrato de empreitada para a execução de obras. Esse serviço não tem natureza profissional, portanto não há retenção. Ocorre que a mesma construtora pode ter recebimentos referentes à elaboração de projeto, e esse serviço tem natureza profissional. Dessa forma, há a retenção do imposto de renda.

Para um melhor entendimento, com base no exemplo acima, a pessoa jurídica poderá ter receita de natureza profissional independente da composição societária.

Portanto, são os pagamentos a pessoas jurídicas cujos serviços têm natureza profissional que estão sujeitos à retenção na fonte do imposto de renda, independentemente da qualificação profissional dos sócios da beneficiária, serão excluídas desta obrigação acessória outras receitas que não tenham esta natureza.

Exemplo: uma construtora emitiu nota fiscal referente a serviço de projeto (serviço profissional), sendo que no mesmo documento fiscal há valores relativos à execução de obra.

A retenção do imposto de renda do exemplo acima mencionado será somente as receitas referentes à elaboração de projeto por ter natureza de serviço de profissão regulamentada.

Desta forma, a retenção de imposto de renda será sobre qualquer valor dos serviços de natureza profissional que de acordo com o art. 647 do Decreto nº 3.000/99 são os seguintes:

1. administração de bens ou negócios em geral (exceto consórcios ou fundos mútuos para aquisição de bens);
2. advocacia;
3. análise clínica laboratorial;
4. análises técnicas;
5. arquitetura;
6. assessoria e consultoria técnica (exceto o serviço de assistência técnica prestada a terceiros e concernente a ramo de indústria ou comércio explorado pelo prestador do serviço);
7. assistência social;
8. auditoria;
9. avaliação e perícia;
10. biologia e biomedicina;
11. cálculo em geral;
12. consultoria;
13. contabilidade;
14. desenho técnico;
15. economia;
16. elaboração de projetos;
17. engenharia (exceto construção de estradas, pontes, prédios e obras assemelhadas);
18. ensino e treinamento;
19. estatística;
20. fisioterapia;
21. fonoaudiologia;
22. geologia;

23. leilão;

24. medicina (exceto a prestada por ambulatório, banco de sangue, casa de saúde, casa de recuperação ou repouso sob orientação médica, hospital e pronto-socorro);

25. nutricionismo e dietética;

26. odontologia;

27. organização de feiras de amostras, congressos, seminários, simpósios e congêneres;

28. pesquisa em geral;

29. planejamento;

30. programação;

31. prótese;

32. psicologia e psicanálise;

33. química;

34. radiologia e radioterapia;

35. relações públicas;

36. serviço de despachante;

37. terapêutica ocupacional;

38. tradução ou interpretação comercial;

39. urbanismo;

40. veterinária.

Com relação à lista de serviços acima mencionada, que é exatamente a constante do art. 647 do Decreto nº 3.000/99, é importante comentar dois itens:

a) engenharia (exceto construção de estradas, pontes, prédios e obras assemelhadas);

b) medicina (exceto a prestada por ambulatório, banco de sangue, casa de saúde, casa de recuperação ou repouso sob orientação médica, hospital e pronto-socorro).

Da engenharia

A retenção do imposto de renda sobre os pagamentos ou créditos efetuados por pessoas jurídicas para sociedades referentes aos serviços profissionais deve ocorrer sempre que o serviço não exija concentração de mão de obra, e sim que seja realizado por profissionais habilitados para exercer aquela atividade.

A construtora pode ter os sócios sem a qualificação de engenheiros, mas deve ter o técnico responsável devidamente registrado no Conselho. No entanto, para a execução de determinados serviços, não é necessária qualificação específica.

Exemplo 01 – Uma construtora assina contrato de empreitada para a construção de uma ponte. Nesse caso, os serviços serão executados por operários, apesar de estarem sob a responsabilidade do engenheiro técnico. Assim, não há a retenção do imposto de renda na fonte, tendo em vista a natureza do serviço não estar relacionada no art. 647 do Decreto nº 3.000/99, por não se tratar de serviço de profissão regulamentada.

Exemplo 02 – Uma construtora assina contrato para a elaboração de um projeto para construção de uma ponte. Assim, a execução do serviço será por intermédio do engenheiro, o que implica dizer que sobre o pagamento dos honorários haverá retenção do imposto de renda.

Da medicina

Quando o legislador exclui da retenção do imposto de renda alguns serviços da área de saúde, tais como aqueles prestados por ambulatório, banco de sangue, casa de saúde, casa de recuperação ou repouso sob orientação médica, hospital e pronto-socorro, é porque parte dos serviços pode ser elaborada por auxiliares.

Na análise de cada um dos serviços mencionados no parágrafo anterior, parte ou todos os serviços podem ser exercidos por auxiliares.

Diante das informações acima, trabalharemos com dois exemplos:

Exemplo 01 – Uma clínica tem um contrato de prestação de serviço cujo objeto é a visita de um médico duas vezes por semana ao cliente, que é outra pessoa jurídica, para realizar consulta médica para os funcionários. Neste caso, o serviço é prestado pelo médico, portanto no pagamento será realizada a retenção do imposto de renda na fonte.

Exemplo 02 – Uma empresa internou um funcionário em um hospital e ao final teve que pagar a conta referente à internação, que inclui serviços de médicos, diária de apartamento, medicamentos, alimentação, auxiliar de enfermagem, entre outros. Aqui não existe a retenção do imposto de renda na fonte, pois, além dos serviços dos médicos, existem serviços de auxiliares e diversos insumos necessários à prestação do serviço.

Analisando os exemplos e comentários nos casos da construtora e do hospital, não resta mais dúvida de que o legislador determina a retenção de imposto de renda na fonte quando o trabalho é realizado sem concentração de mão de obra.

1.3.4.4.2 Serviços de limpeza, conservação, segurança, vigilância e locação de mão de obra

As pessoas jurídicas que realizarem pagamentos ou créditos para pessoas jurídicas civis ou mercantis pela prestação de serviços de limpeza, conservação, segurança, vigilância e por locação de mão de obra estão sujeitas à incidência do imposto na fonte à alíquota de 1% (art. 649, RIR).

1.3.4.4.3 Mediação de negócios, propaganda e publicidade

Os pagamentos ou créditos realizados na intermediação de negócios, propaganda e publicidade estão sujeitos à incidência do imposto na fonte, à alíquota de 1,5%, sobre os seguintes rendimentos:

> I – a título de comissões, corretagens ou qualquer outra remuneração pela representação comercial ou pela mediação na realização de negócios civis e comerciais;
>
> II – por serviços de propaganda e publicidade.

Nos casos de pagamentos referentes a serviços de propaganda e publicidade, excluem-se da base de cálculo as importâncias pagas diretamente ou repassadas a empresas de rádio e televisão, jornais e revistas, *atribuída à pessoa jurídica pagadora e à beneficiária responsabilidade solidária pela comprovação da efetiva realização dos serviços.*

1.3.4.4.4 Pagamentos a cooperativas de trabalho e associações profissionais ou assemelhadas

Os pagamentos efetuados a cooperativas de trabalho, associações de profissionais ou assemelhadas, relativos a serviços pessoais que lhes forem prestados por associados dessas ou colocados à disposição estão sujeitos à incidência do imposto na fonte, à alíquota de 1,5%.

1.3.5 Vencimentos do código das receitas a serem informadas nas obrigações acessórias

Diariamente, deve ser recolhido na data do fato gerador o IRRF sobre as seguintes operações:

Código DARF	Sigla	Descrição do tributo/contribuição	
2063	IRRF	Tributação exclusiva sobre remuneração indireta	Rendimentos do Trabalho
0422	IRRF	Rendimentos de Residentes ou Domiciliados no Exterior	*Royalties* e pagamentos de assistência técnica
0473	IRRF		Renda e proventos de qualquer natureza
0481	IRRF		Juros e comissões em geral
5192	IRRF		Obras audiovisuais, cinematográficas e videofônicas.
9412	IRRF		Fretes internacionais
9427	IRRF		Remuneração de direitos
9466	IRRF		Previdência privada e Fapi
9478	IRRF		Aluguel e arrendamento
5217	IRRF	Pagamento a beneficiário não identificado	Outros Rendimentos

Deve ser recolhido até o 3º (terceiro) dia útil subsequente ao decêndio de ocorrência dos fatos geradores, no caso de:

Código DARF	Sigla	Descrição do tributo/contribuição
8053	IRRF	Títulos de Renda Fixa – Pessoa Física
3426	IRRF	Títulos de Renda Fixa – Pessoa Jurídica
6800	IRRF	Fundo de Investimento – Renda Fixa
6813	IRRF	Fundo de Investimento em Ações
5273	IRRF	Operações de *Swap*
8468	IRRF	*Day-Trade* – Operações em Bolsas
5557	IRRF	Ganhos líquidos em operações em bolsas e assemelhados
5706	IRRF	Juros remuneratórios do capital próprio (art. 9º, Lei nº 9.249/95).
5232	IRRF	Fundos de Investimento Imobiliário – Resgate de quotas
0924	IRRF	Demais rendimentos de capital
5286	IRRF	Aplicações Financeiras – Fundos/Entidades de Investimento Coletivo
0490	IRRF	Aplicações em Fundos de Conversão de Débitos Externos/Lucros/Bonificações/Dividendos
9453	IRRF	Juros remuneratórios de capital próprio
0916	IRRF	Prêmios obtidos em concursos e sorteios
8673	IRRF	Prêmios obtidos em Bingos
9385	IRRF	Multas e vantagens

Deve ser recolhido no dia 10 do mês subsequente, quando nesta data não houver expediente deve ser antecipado, nos casos de IRRF sobre juros de empréstimos externos.

Deve ser recolhido no dia 20 do mês subsequente, sendo que, quando não houver expediente bancário, deve ser antecipado, nos seguintes casos:

Código DARF	Sigla	Descrição do tributo/contribuição
3208	IRRF	Aluguéis e *royalties* pagos a pessoa física
3277	IRRF	Rend. partes beneficiárias ou de fundador
0561	IRRF	Trabalho assalariado
0588	IRRF	Trabalho sem vínculo empregatício
3223	IRRF	Resgate de previdência privada e Fapi
5565	IRRF	Benefício ou resgate de previdência privada e Fapi
5936	IRRF	Rendimentos decorrentes de decisão da Justiça do Trabalho
1708	IRRF	Remuneração de serviços prestados por pessoa jurídica
5944	IRRF	Pagamentos de PJ a PJ por serviços de *factoring*
3280	IRRF	Pagamento de PJ a cooperativa de Trabalho
5204	IRRF	Juros e indenizações de lucros cessantes
6891	IRRF	Vida gerador de benefício livre – VGBL
6904	IRRF	Indenização por danos morais
5928	IRRF	Rendimentos decorrentes de decisão da Justiça Federal
8045	IRRF	Demais Rendimentos

Deve ser recolhido no último dia útil do mês subsequente o IRRF sobre Fundos de Investimento Imobiliário – Rendimento e Ganho de Capital distribuído.

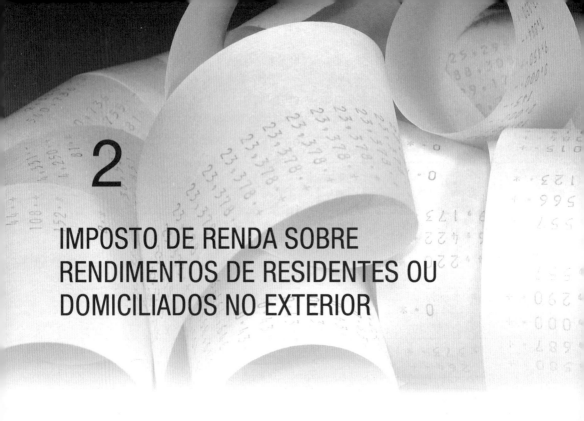

2
IMPOSTO DE RENDA SOBRE RENDIMENTOS DE RESIDENTES OU DOMICILIADOS NO EXTERIOR

2.1 ALUGUÉIS, *ROYALTIES* E ASSISTÊNCIA TÉCNICA

Os rendimentos que serão comentados neste item são tributados exclusivamente na fonte com as alíquotas de acordo com a natureza da renda.

Com efeito, quando a remessa for destinada a pessoas jurídicas ou físicas com tributação inferior a 25%, a retenção deve ser ajustada a este percentual, independentemente da natureza do rendimento.

Ocorre que, se os pagamentos para o exterior forem destinados a registro ou manutenção de marcas, patente e cultivares, a alíquota será zero.

As remessas para o exterior realizadas por órgãos ou entidades da administração direta, autárquica e fundacional da União, dos Estados, do Distrito Federal e dos Municípios, em razão de despesas contratuais com instituições de ensino e pesquisa relacionadas à participação em cursos ou atividades de treinamento ou qualificação profissional de servidores civis ou militares do respectivo ente estatal, órgão ou entidade, não terão a retenção de imposto de renda.

2.1.1 Dos serviços técnicos e assistência técnica e administrativa

Todas as remessas para pessoas jurídicas ou físicas com residência ou domicílio no exterior referentes a pagamento de serviços de assistência técnica administrativa e semelhantes estão sujeitas à retenção do imposto, com uma alíquota de 25%, conforme determina o art. 708 do Regulamento do Imposto de Renda.[1]

A retenção deve acontecer na data do pagamento, independentemente da forma ou local.

2.1.2 Da remuneração de direitos, inclusive transmissão por meio de rádio ou televisão

2.1.2.1 Comentários gerais

Estão sujeitas à retenção do imposto de renda na fonte as remessas para o exterior referentes a direitos autorais adquiridos, à alíquota de 15%, conforme determina o art. 709 do Regulamento do Imposto de Renda.[2]

2.1.2.2 Paraísos fiscais

Quando o beneficiário for residente em país cuja tributação dessa renda seja com alíquota inferior a 25%, a retenção do imposto de renda deve ser de 25% sobre o valor pago ou creditado.

2.1.3 Dos royalties

As importâncias pagas ou creditadas a pessoas jurídicas ou físicas residentes ou domiciliadas no exterior estão sujeitas à retenção do imposto de renda na fonte, com uma alíquota de 15% sobre o valor bruto, conforme o art. 710 do Decreto nº 3.000/09.[3]

---

[1] Art. 708. Estão sujeitos à incidência do imposto na fonte, à alíquota de vinte e cinco por cento, os rendimentos de serviços técnicos e de assistência técnica, administrativa e semelhantes derivados do Brasil e recebidos por pessoa física ou jurídica residente ou domiciliada no exterior, independentemente da forma de pagamento e do local e data em que a operação tenha sido contratada, os serviços executados ou a assistência prestada (Decreto-lei nº 1.418, de 3 de setembro de 1975, art. 6º, Lei nº 9.249, de 1995, art. 28 e Lei nº 9.779, de 1999, art. 7º).

[2] Art. 709. Estão sujeitas à incidência do imposto na fonte, à alíquota de quinze por cento, as importâncias pagas, creditadas, entregues, empregadas ou remetidas para o exterior pela aquisição ou pela remuneração, a qualquer título, de qualquer forma de direito, inclusive a transmissão, por meio de rádio ou televisão ou por qualquer outro meio, de quaisquer filmes ou eventos, mesmo os de competições desportivas das quais faça parte representação brasileira (Lei nº 9.430, de 1996, art. 72).

[3] Art. 710. Estão sujeitas à incidência na fonte, à alíquota de quinze por cento, as importâncias pagas, creditadas, entregues, empregadas ou remetidas para o exterior a título de royalties, a qualquer título (Medida Provisória nº 1.749-37, de 1999, art. 3º).

2.1.4 Dos créditos

As empresas industriais e agropecuárias devidamente cadastradas nos Programas de Desenvolvimento Tecnológico Industrial (PDTI) e Programas de Desenvolvimento Tecnológico Agropecuário (PDTA), mediante a concessão de incentivos fiscais, têm direito a crédito que será calculado sobre o imposto de renda retido nas remessas para o exterior como pagamentos a pessoas jurídicas ou físicas referentes a aluguéis, *royalties* e assistência técnica.

O crédito mencionado no parágrafo anterior será calculado sobre o imposto de renda retido nas remessas para o exterior relativas a aluguéis, *royalties* e assistência técnica, com os seguintes percentuais:

a) 30%, relativamente aos períodos de apuração encerrados a partir de 1º de janeiro de 1998 até 31 de dezembro de 2003;

b) 20%, relativamente aos períodos de apuração encerrados a partir de 1º de janeiro de 2004 até 31 de dezembro de 2008;

c) 10%, relativamente aos períodos de apuração encerrados a partir de 1º de janeiro de 2009 até 31 de dezembro de 2013.

O crédito será restituído em moeda corrente, dentro de trinta dias do seu recolhimento, conforme disposto na Portaria MF nº 267/96.

2.2 RENDIMENTOS DE APLICAÇÕES EM FUNDOS DE INVESTIMENTO DE CONVERSÃO DE DÉBITOS EXTERNOS

Os rendimentos remetidos para o exterior referentes a resgate de aplicações em fundos de investimentos com conversão de pessoas jurídicas ou físicas residentes, domiciliadas ou com sede no exterior devem ser tributados exclusivamente na fonte, com alíquota nas mesmas condições das aplicações feitas por residentes no Brasil.

Quando a residência, o domicílio ou sede do beneficiário for em paraísos fiscais com a tributação inferior a 25%, a alíquota aplicada, para fins de retenção do imposto de renda, será de 25%.

2.3 DOS RENDIMENTOS DE FINANCIAMENTOS

2.3.1 Juros e comissões referentes a empréstimos e financiamentos

As transferências para beneficiários residentes no exterior referentes a juros, comissões e assemelhados, relativos a despesas financeiras com empréstimos, devem ter retido imposto de renda na fonte com alíquota de 15%, conforme determina o art. 702 do Regulamento do Imposto de Renda.[4]

2.3.2 Juros e comissões decorrentes de compras a prazo

Além da remessa de valores para pagamento de juros e assemelhados sobre empréstimos ou financiamentos, também é devida a retenção de imposto de renda com alíquotas de 15% quando os recursos transferidos para o exterior forem referentes a juros devidos em razão de compras a prazo, como determina o art. 703 do Decreto nº 3.000/99.[5]

Consoante o art. 704 do Decreto nº 3.000/99, são excluídos da retenção do imposto de renda os seguintes juros:

> I – as remessas de juros devidos às agências de governos estrangeiros, em razão da compra de bens a prazo, não existe retenção quando os ingressos de recurso da mesma natureza entrar no Brasil não tenha a tributação na saída do país de origem;

> II – os juros dos títulos da dívida externa do Tesouro Nacional, relacionados com empréstimos ou operações de crédito externo efetuados com base na Lei nº 1.518, de 24 de dezembro de 1951, e na Lei nº 4.457, de 6 de novembro de 1964, e no art. 8º da Lei nº 5.000, de 24 de maio de 1966 (Decreto-lei nº 1.245, de 6 de novembro de 1972, art. 1º);

---

[4] Art. 702. Estão sujeitas à incidência do imposto na fonte, à alíquota de quinze por cento, as importâncias pagas, creditadas, entregues, empregadas ou remetidas a beneficiários residentes ou domiciliados no exterior, por fonte situada no País, a título de juros, comissões, descontos, despesas financeiras e assemelhadas (Decreto-lei nº 5.844, de 1943, art. 100, Lei nº 3.470, de 1958, art. 77, e Lei nº 9.249, de 1995, art. 28).

[5] Art. 703. Está sujeito à incidência do imposto de que trata o artigo anterior o valor dos juros remetidos para o exterior, devidos em razão da compra de bens a prazo, ainda quando o beneficiário do rendimento for o próprio vendedor (Decreto-lei nº 401, de 1968, art. 11).

Parágrafo único. Para os efeitos deste artigo, consideram-se fato gerador do imposto a remessa para o exterior e contribuinte, o remetente, não se aplicando o reajustamento de que trata o art. 725 (Decreto-lei nº 401, de 1968, art. 11, parágrafo único).

III – os juros dos títulos da dívida pública externa, relacionados com empréstimos ou operações de crédito efetuados pelo Poder Executivo com base no Decreto-lei nº 1.312, de 1974 (Decreto-lei nº 1.312, de 1974, art. 9º);

IV – os juros produzidos pelos Bônus do Tesouro Nacional – BTN e Notas do Tesouro Nacional – NTN, emitidos para troca voluntária por Bônus da Dívida Externa Brasileira, objeto de permuta por dívida externa do setor público, registrada no Banco Central do Brasil, bem assim os referentes aos Bônus emitidos pelo Banco Central do Brasil, para os fins previstos no art. 8º do Decreto-lei nº 1.312, de 1974, com a redação dada pelo Decreto-lei nº 2.105, de 1984 (Decreto-lei nº 2.291, de 21 de novembro de 1986, art. 1º, e Lei nº 7.777, de 1989, arts. 7º e 8º).

2.3.3 Juros e comissões decorrentes de prestação de serviço

Quando a remessa de juros ou comissões for relacionada a prestação de serviço, deve ser retido imposto de renda na fonte com alíquota de 25% sobre o valor transferido.

2.3.4 Não existência de imposto de renda

Serão tributados com alíquota zero os pagamentos de juros e comissões relacionados com exportação, conforme a seguir:

a) comissões pagas por exportadores a seus agentes no exterior;

b) juros de desconto, no exterior, de cambiais de exportação e as comissões de banqueiros inerentes a essas cambiais;

c) juros e comissões relativos a créditos obtidos no exterior e destinados ao financiamento de exportações.

2.3.5 Residente, domiciliado ou com sede em paraísos fiscais

Quando a remessa for destinada a beneficiário residente, domiciliado ou com sede em país, cuja tributação seja inferior a 25%, a retenção do imposto de renda deve ser a alíquota de 25%, exceto quando:

a) A remessa seja para pagamento de juros e comissões relativos a fechamento de cambiais decorrentes de exportação;

b) Operações de empréstimos no exterior quando existir tratado de tributação com o Brasil;

c) Tratar-se de pagamento de juros e comissões por colocação no exterior de títulos internacionais autorizados pelo Banco Central do Brasil.

2.4 JUROS SOBRE CAPITAL PRÓPRIO

São os procedimentos dos pagamentos ou créditos para residentes, domiciliados ou com sede no Brasil, já comentados na primeira parte deste livro, no item 1.3.4.2.

2.5 DOS RENDIMENTOS DE IMÓVEIS

2.5.1 Comentário geral

Os valores pagos ou creditados a pessoas físicas residentes ou domiciliadas no exterior referentes a aluguel de bens imóveis deverão ter a retenção de 15% sobre o valor do aluguel, conforme determina o art. 705 do Decreto nº 3.000/99.[6]

Poderão ser deduzidas do valor bruto, para fins de determinação da base, as despesas a seguir mencionadas, desde que comprovado o dispêndio:

I – o valor dos impostos, taxas e emolumentos incidentes sobre o bem que produzir o rendimento;

II – o aluguel pago pela locação de imóvel sublocado;

III – as despesas pagas para cobrança ou recebimento do rendimento;

IV – as despesas de condomínio.

---

[6] Art. 705. Estão sujeitas à incidência do imposto na fonte, à alíquota de quinze por cento, as importâncias pagas, remetidas, creditadas, empregadas ou entregues a residente ou domiciliado no exterior, provenientes de rendimentos produzidos por bens imóveis situados no País (Decreto-lei nº 5.844, de 1943, art. 100, e Lei nº 3.470, de 1958, art. 77, e Lei nº 9.249, de 1995, art. 28).

Parágrafo único. Para fins de determinação da base de cálculo, será permitido deduzir, mediante comprovação, as despesas previstas no art. 50 (Decreto-lei nº 5.844, de 1943, art. 97, § 3º).

2.5.2 Residente, domiciliado ou com sede em paraísos fiscais

Quando a remessa for destinada a beneficiário residente, domiciliado ou com sede em país, a tributação na fonte será de 25%, exceto quando o contrato de arrendamento seja celebrado com entidades mercantis de bens de capital.

2.5.3 Contrato de arrendamento mercantil

Quando a remessa for destinada a pagamento de arrendamento mercantil, cujo beneficiário tenha sede no exterior, podem ser abatidos da base de cálculo os valores correspondentes à amortização do bem arrendado.

Ainda sobre arrendamento mercantil, serão tributadas com alíquota zero para o imposto de renda na fonte as remessas para o exterior referentes a arrendamento mercantil de aeronave ou dos motores a ela destinados, celebrado por empresa de transporte aéreo público regular, de passageiros ou cargas, até 31 de dezembro de 2013.

2.6 APLICAÇÕES EM FUNDOS OU ENTIDADES DE INVESTIMENTO COLETIVO, APLICAÇÕES EM CARTEIRAS DE VALORES MOBILIÁRIOS, APLICAÇÕES FINANCEIRAS NOS MERCADOS DE RENDA FIXA OU RENDA VARIÁVEL

Os rendimentos de aplicações financeiras no Brasil em títulos de renda fixa ou variáveis, cujos beneficiários sejam residentes, domiciliados ou com sede no exterior, são tributados de acordo com o quadro a seguir:

As informações foram extraídas do Mafon 2012.

Característica da aplicação	Alíquota
1. Rendimentos produzidos por títulos públicos federais, adquiridos a partir de 16 de fevereiro de 2006. Exceto quando a residência, domicílio ou sede for em paraísos fiscais, em que a tributação for inferior a 25%, a tributação deve ser de acordo com as alíquotas para aplicações internas.	0%
2. Rendimentos auferidos pelas aplicações em fundos de investimento exclusivos para investidores não residentes, que possuam no mínimo 98% de títulos públicos federais.	0%
3. Rendimentos auferidos nas aplicações por investidor não residente em Fundos de Investimento em Empresas Emergentes (FIEE), em Fundos de Investimento em Participações (FIP), e em Fundos de Investimento em Cotas de Fundo de Investimento em Participações (FCFIP), quando pagos, creditados, entregues ou remetidos a beneficiário residente ou domiciliado no exterior, individual ou coletivo, que realizar operações financeiras no país de acordo com as normas e condições estabelecidas pelo CMN.	0%
4. Rendimentos produzidos por títulos ou valores mobiliários de emissão de pessoa jurídica não financeira de acordo com as normas estabelecidas pelo CMN e Comissão de Valores Mobiliários – CVM.	0%
5. Rendimentos auferidos em aplicações nos fundos de investimento em ações, em operações realizadas em mercado de liquidação futura, fora de bolsa, e em operação de *swap*, registradas ou não em bolsa, considerando-se rendimentos quaisquer valores que constituam remuneração de capital aplicado, tais como juros, prêmios, comissões, ágio, deságio, bem como os resultados positivos auferidos nessas operações, quando observadas as normas e condições estabelecidas pelo CMN.	10%
6. Rendimentos referentes a aplicações financeiras de renda fixa, realizadas no mercado de balcão ou em bolsa, quando observadas as normas e condições estabelecidas pelo CMN.	15%

Com relação à definição do valor do imposto de renda, nos casos em que a alíquota não é zero, serão os mesmos procedimentos e base de cálculo para os rendimentos de aplicações internas.

2.7 RENDA E PROVENTOS DE QUALQUER NATUREZA

2.7.1 Comentários gerais

Os pagamentos a pessoas físicas ou jurídicas residentes, domiciliadas ou com sede no exterior, referentes a rendimento de qualquer natureza, serão tributados na fonte, com as seguintes alíquotas:

Descrição do rendimento	Alíquota
Os rendimentos do trabalho e dos provenientes de aposentadoria, pensão civil ou militar.	25%
Dos demais rendimentos a) comissões e despesas incorridas nas operações de colocação, no exterior, de ações de companhias abertas, domiciliadas no Brasil, desde que aprovadas pelo Banco Central do Brasil e pela Comissão de Valores Mobiliários (CVM); b) solicitação, obtenção e manutenção de direitos de propriedade industrial, no exterior; c) instalação e manutenção de escritórios comerciais e de representação, de armazéns, depósitos ou entrepostos brasileiros de exportação.	15%
a) remessa de valores correspondentes a operações de cobertura de riscos de variações, no mercado internacional, de taxas de juros, de paridade entre moedas e de preços de mercadorias (*hedge*), observado o disposto no Decreto nº 6.761, de 2009. b) remessa para despesas com pesquisas de mercado, bem como aluguéis e arrendamentos de *stands* e locais para exposições, feiras e conclaves semelhantes, inclusive promoção e propaganda no âmbito desses eventos, para produtos e serviços brasileiros (a partir de 18 de setembro de 2008) e para promoção de destinos turísticos brasileiros; c) as remessas para o exterior para as despesas relativas à contratação de serviços destinados à promoção do Brasil no exterior, por órgãos do Poder Executivo Federal; d) as remessas para o exterior referentes às despesas de armazenagem, movimentação e transporte de carga e emissão de documentos realizadas no exterior, que sejam pagas, creditadas, entregues, empregadas ou remetidas pelo exportador brasileiro.	0%
Pagamentos realizados por pessoa jurídica que explorar atividades de pesquisa tecnológica e desenvolvimento de inovação tecnológica nos termos da legislação aplicável, incidente sobre os valores pagos, remetidos, empregados, entregues ou creditados a beneficiários residentes ou domiciliados no exterior, a título de remessas destinadas ao registro e manutenção de marcas, patentes e cultivares.	0%

Com relação aos ganhos de capital, em que o beneficiário seja residente ou domiciliado no exterior, a apuração do imposto de renda na fonte será calculada com os mesmos procedimentos relativos a quando o beneficiário é residente no Brasil.

2.7.2 Da isenção e não incidência

Os pagamentos para pessoas jurídicas ou físicas residentes, domiciliadas ou com sede no exterior são isentos da retenção do imposto de renda nos seguintes rendimentos:

a) pagamento em que o beneficiário for pessoa física, referente a serviços prestados a autarquias ou repartições do governo brasileiro, situadas fora do território nacional;

b) pagamento a pessoa jurídica ou física referente a apostilas decorrentes de curso por correspondência ministrado por estabelecimento de ensino com sede no exterior;

c) remessas para o exterior para beneficiário pessoa física residente e domiciliado no exterior quando for bens havidos, por herança ou doação;

d) remessa referente a pagamento de livros técnicos importados de livre divulgação;

e) quando a pessoa física faz remessa para o exterior em que os beneficiários sejam seus dependentes e estejam no exterior, em nome dos mesmos, nos limites fixados pelo Banco Central do Brasil;

f) remessa para cobertura de gastos pessoais, no exterior, de pessoas físicas residentes ou domiciliadas no País, em viagens de turismo, negócios, serviço, treinamento ou missões oficiais;

g) remessas para fins educacionais, científicos ou culturais, bem como em pagamento de taxas escolares, taxas de inscrição em congressos, conclaves, seminários ou assemelhados, e taxas de exames de proficiência;

h) remessas para cobertura de gastos com treinamento de competições esportivas no exterior, desde que o remetente seja clube, associação, federação ou confederação esportiva ou, no caso de atleta, que sua participação no evento seja confirmada pela respectiva entidade;

i) remessas por pessoas físicas, residentes e domiciliadas no País, para cobertura de despesas médico-hospitalares com tratamento de saúde, no exterior, do remetente ou de seus dependentes;

j) pagamento de despesas terrestres relacionadas com pacotes turísticos;

k) a partir de 1º de janeiro de 2011 não incidirá imposto sobre a renda na fonte sobre as importâncias pagas, creditadas, entregues, empregadas ou remetidas ao exterior por órgãos ou entidades da administração direta, autárquica e fundacional da União, dos Estados, do Distrito Federal e dos Municípios, em razão de despesas contratuais com instituições de ensino e pesquisa relacionada a participação em cursos ou atividades de treinamento ou qualificação profissional de servidores civis ou militares do respectivo ente estatal, órgão ou entidade.

2.8 DAS PELÍCULAS CINEMATOGRÁFICAS

2.8.1 Da tributação

Os pagamentos a produtores, distribuidores ou intermediários referentes a rendimento decorrente de exploração de obras audiovisuais estrangeiras em todo o território nacional ou por sua aquisição ou importação, a preço fixo, terão a retenção de 25% de imposto de renda, conforme o art. 706 do Decreto nº 3.000/99, exceto os direitos relativos à radiodifusão de sons e imagens e serviço de comunicação eletrônica de massa por assinatura.[7]

2.8.2 Dos incentivos fiscais

Quando o beneficiário do rendimento aplicar este recurso em coprodução de obras audiovisuais cinematográficas brasileiras de produção independente, em

---

[7] Art. 706. Estão sujeitas à incidência do imposto na fonte, à alíquota de vinte e cinco por cento, as importâncias pagas, creditadas, empregadas, remetidas ou entregues aos produtores, distribuidores ou intermediários no exterior, como rendimento decorrente da exploração de obras audiovisuais estrangeiras em todo o território nacional ou por sua aquisição ou importação, a preço fixo (Lei nº 3.470, de 1958, art. 77, § 1º, inciso I, Decreto-lei nº 1.089, de 1970, art. 13, Decreto-lei nº 1.741, de 27 de dezembro de 1979, art. 1º, Lei nº 8.685, de 1993, art. 2º, Lei nº 9.249, de 1995, art. 28, e Lei nº 9.779, de 1999, art. 7º).

Parágrafo único. O imposto de que trata este artigo incidirá:

I – sobre os filmes importados a preço fixo, no momento da efetivação do crédito para pagamento dos direitos adquiridos;

II – sobre os rendimentos decorrentes da exploração das obras audiovisuais estrangeiras em regime de distribuição e comercialização em salas de exibição, emissoras de televisão, de sinal aberto ou codificado, cabo-difusão, mercado videofonográfico ou qualquer outra modalidade de exploração comercial da obra, no momento da efetivação do crédito ao produtor, distribuidor ou intermediários domiciliados no exterior.

Imposto de Renda sobre Rendimentos de Residentes ou Domiciliados no Exterior **89**

projetos previamente aprovados pelo Ministério da Cultura, conforme o art. 707 do Regulamento do Imposto de Renda.[8]

O contribuinte que faz a opção pelo incentivo fiscal mencionado no parágrafo anterior, de acordo com o art. 487 do Regulamento do Imposto de Renda, tem que abrir uma conta no Banco do Brasil específica para a aplicação financeira especial em nome do produtor que tenha o projeto aprovado e fazer o depósito na referida conta do recurso na data do recolhimento.[9]

Quando o produtor detentor do projeto cultural não aplicar os recursos recebidos de incentivos fiscais no prazo de 180 dias contado da data do depósito, este perderá o referido recurso, sendo o valor depositado destinado a projeto da mesma natureza, mas executados através do Instituto Brasileiro de Arte e Cultura, mediante convênio com a Secretaria para o Desenvolvimento do Audiovisual do Ministério da Cultura. Essa determinação está regulamentada no art. 488 do Decreto nº 3.000/99.[10]

Quando os recursos não são aplicados conforme a legislação que regulamenta o incentivo fiscal, serão devolvidos para a Receita Federal do Brasil com juros e multa, de acordo com o art. 489 do Decreto nº 3.000/99.[11]

---

[8] Art. 707. Os contribuintes do imposto poderão beneficiar-se de abatimento de setenta por cento do imposto devido, desde que invistam na coprodução de obras audiovisuais cinematográficas brasileiras de produção independente, em projetos previamente aprovados pelo Ministério da Cultura, observado o disposto nos arts. 487 a 489 (Lei nº 8.685, de 1993, art. 3º).

[9] Art. 487. O contribuinte que optar pelo uso dos incentivos previstos nos arts. 484 e 707, depositará, por meio de guia própria, dentro do prazo legal fixado para o recolhimento do imposto, o valor correspondente à dedução em conta de aplicação financeira especial, no Banco do Brasil S/A., cuja movimentação sujeitar-se-á à prévia comprovação junto ao Ministério da Cultura de que se destina a investimentos em projetos de produção de obras audiovisuais cinematográficas brasileiras de produção independente (Lei nº 8.685, de 1993, art. 4º).

§ 1º A conta de aplicação financeira a que se refere este artigo será aberta (Lei nº 8.685, de 1993, art. 4º, § 1º):

I – em nome do produtor, para cada projeto, no caso do art. 484;

II – em nome do contribuinte, no caso do art. 707.

§ 2º Os investimentos a que se refere este artigo não poderão ser utilizados na produção das obras audiovisuais de natureza publicitária (Lei nº 8.685, de 1993, art. 4º, § 3º).

[10] Art. 488. Os valores não aplicados na forma do artigo anterior, no prazo de cento e oitenta dias contados da data do depósito, serão aplicados em projetos de produção de filmes de curta, média e longa metragem e programas de apoio à produção cinematográfica a serem desenvolvidos através do Instituto Brasileiro de Arte e Cultura, mediante convênio com a Secretaria para o Desenvolvimento do Audiovisual do Ministério da Cultura, conforme dispuser o regulamento (Lei nº 8.685, de 1993, art. 5º).

[11] Art. 489. O não cumprimento do projeto a que se referem os arts. 484, 488 e 707 e a não efetivação do investimento ou a sua realização em desacordo com o estatuído implicam a devolução dos

2.9 DOS FRETES INTERNACIONAIS

2.9.1 Comentários gerais

Os pagamentos ou créditos feitos a pessoas jurídicas com sede no exterior, referentes a fretes internacionais, estão sujeitos à retenção do imposto de renda, com alíquota de 15% na fonte, exceto quando o beneficiário forem companhias aéreas em que não tributam estes rendimentos em função da legislação interna do país sede da empresa ou através de acordos internacionais, como determina o art. 711 do Decreto nº 3.000/99.[12]

2.9.2 Paraísos fiscais

Quando a remessa for destinada a beneficiário residente, domiciliado ou com sede em país, cuja tributação seja inferior a 25%, a retenção do imposto de renda deve ser a alíquota de 25%.

2.10 SERVIÇOS DE TRANSPORTE RODOVIÁRIO INTERNACIONAL DE CARGA, AUFERIDOS POR TRANSPORTADOR AUTÔNOMO PESSOA FÍSICA, RESIDENTE NA REPÚBLICA DO PARAGUAI, CONSIDERADO COMO SOCIEDADE UNIPESSOAL NESSE PAÍS

Quando uma pessoa jurídica com sede no Brasil faz remessa como pagamento de serviço de frete realizado por pessoa física residente no Paraguai deve fazer a

---

benefícios concedidos, acrescido de juros (arts. 953 e 954) e multa (art. 971), observado o disposto no art. 874 (Lei nº 8.685, de 1993, art. 6º e § 1º).

Parágrafo único. No caso de cumprimento de mais de setenta por cento sobre o valor orçado do projeto, a devolução dos benefícios concedidos será proporcional à parte não cumprida (Lei nº 8.685, de 1993, art. 6º, § 2º).

[12] Art. 711. Estão sujeitos ao imposto na fonte, à alíquota de quinze por cento, os rendimentos recebidos por companhias de navegação aérea e marítima, domiciliadas no exterior, de pessoas físicas ou jurídicas, residentes ou domiciliadas no Brasil (Lei nº 9.430, de 1996, art. 85).

Parágrafo único. O imposto de que trata este artigo não será exigido das companhias aéreas e marítimas domiciliadas em países que não tributam, em decorrência da legislação interna ou de acordos internacionais, os rendimentos auferidos por empresas brasileiras que exercem o mesmo tipo de atividade (Lei nº 9.430, de 1996, art. 85, parágrafo único).

retenção com base na tabela progressiva sendo que a base de cálculo do imposto será 40% da importância paga.

A tributação do pagamento de frete a autônomos residentes no Paraguai será considerada tributação exclusiva na fonte do imposto de renda.

2.11 BENEFÍCIO OU RESGATE DE PREVIDÊNCIA PRIVADA E FAPI

Os resgates de benefício de previdência privada e de Fundo de Aposentadoria Programada Individual (Fapi), ou resgate de contribuições em decorrência de desligamento dos respectivos planos por pessoas físicas residentes e domiciliadas no exterior serão tributados exclusivamente na fonte, com alíquota de 25% sobre os rendimentos.

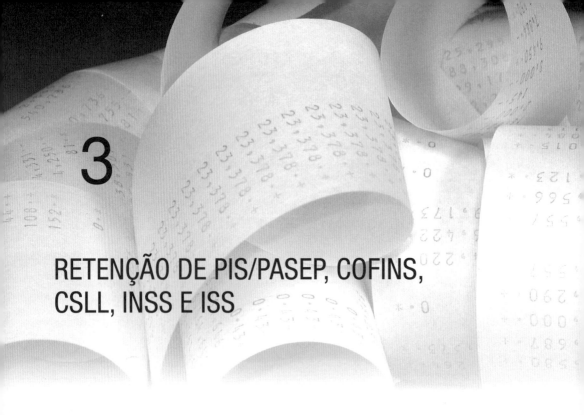

3

RETENÇÃO DE PIS/PASEP, COFINS, CSLL, INSS E ISS

3.1 RETENÇÃO DAS CONTRIBUIÇÕES PARA O PIS/PASEP, COFINS, CSLL

A Lei nº 10.833/03 instituiu a retenção das contribuições para o financiamento da seguridade social, tais como: Contribuição para Financiamento da Seguridade Social – COFINS, Programa de Integração Social – PIS, Contribuição Social sobre o Lucro Líquido – CSLL, sem prejuízo da retenção na fonte do imposto de renda, nos pagamentos de alguns serviços.

Consoante o art. 30 da Lei nº 10.833/03, terão retenção das contribuições para o PIS/PASEP, COFINS, CSLL os pagamentos de pessoas jurídicas para outra quando se tratar dos seguintes serviços:[1]

a) serviços de limpeza, conservação, manutenção;

b) segurança, vigilância, transporte de valores;

---

[1] Art. 30. Os pagamentos efetuados pelas pessoas jurídicas a outras pessoas jurídicas de direito privado, pela prestação de serviços de limpeza, conservação, manutenção, segurança, vigilância, transporte de valores e locação de mão de obra, pela prestação de serviços de assessoria creditícia, mercadológica, gestão de crédito, seleção e riscos, administração de contas a pagar e a receber, bem como pela remuneração de serviços profissionais, estão sujeitos a retenção na fonte da Contribuição Social sobre o Lucro Líquido – CSLL, da COFINS e da contribuição para o PIS/PASEP. (Vide Medida Provisória nº 232, 2004.)

c) locação de mão de obra;

d) serviços de assessoria creditícia, mercadológica, gestão de crédito, seleção e riscos, administração de contas a pagar e a receber;

e) serviços profissionais estão sujeitos à retenção na fonte da Contribuição Social sobre o Lucro Líquido – CSLL, da COFINS e da contribuição para o PIS/PASEP.

É importante informar que só haverá retenção quando o somatório de todos os pagamentos para um mesmo beneficiário for superior a R$ 5.000,00.

Com relação aos serviços profissionais relacionados na letra *e*, são aqueles serviços prestados por sociedade de profissão regulamentada, de acordo com o art. 647 do Decreto nº 3.000/99, já mencionado no item 1.3.4.4.1, quando se trata de retenção de imposto de renda.

Com efeito, quando os pagamentos forem realizados pelos Estados, Distrito Federal e Municípios, somente haverá a retenção das contribuições para o PIS/PASEP, COFINS, CSLL, quando existir um convênio entre a fonte pagadora e a União, como determina o art. 33 da Lei nº 10.833/03.[2]

Desta forma, fica claro que é necessária a assinatura de um convênio entre a Receita Federal do Brasil e o Distrito Federal, ou Estado ou Município, e assim passando estes a serem obrigados a fazer esta retenção. Com efeito, faz-se necessário identificar se existe esse convênio.

Até a presente data, não se tem conhecimento de qualquer convênio assinado da União com algum Estado ou Município.

Os pagamentos efetuados pelas empresas públicas e sociedade de economia mista a pessoa jurídica, referentes aos serviços sujeitos à retenção das contribuições para o PIS/PASEP, COFINS e CSLL, de acordo com o art. 34 da Lei nº 10.833/03, estão obrigados a reter as referidas contribuições.[3]

---

[2] Art. 33. A União, por intermédio da Secretaria da Receita Federal, poderá celebrar convênios com os Estados, Distrito Federal e Municípios, para estabelecer a responsabilidade pela retenção na fonte da CSLL, da COFINS e da contribuição para o PIS/PASEP, mediante a aplicação das alíquotas previstas no art. 31, nos pagamentos efetuados por órgãos, autarquias e fundações dessas administrações públicas às pessoas jurídicas de direito privado, pelo fornecimento de bens ou pela prestação de serviços em geral.

[3] Art. 34. Ficam obrigadas a efetuar as retenções na fonte do imposto de renda, da CSLL, da COFINS e da contribuição para o PIS/PASEP, a que se refere o art. 64 da Lei nº 9.430, de 27 de dezembro de 1996, as seguintes entidades da administração pública federal:

I – empresas públicas;

II – sociedades de economia mista; e

Desta forma, estão obrigadas a reter as contribuições mencionadas no art. 30 da Lei nº 10.833/03, além das pessoas jurídicas de direito privado, as seguintes empresas:

I – empresas públicas;

II – sociedades de economia mista; e

III – demais entidades em que a União, direta ou indiretamente, detenha a maioria do capital social com direito a voto, e que dela receba recursos do Tesouro Nacional e estejam obrigadas a registrar sua execução orçamentária e financeira na modalidade total no Sistema Integrado de Administração Financeira do Governo Federal – SIAFI.

O valor da retenção das contribuições no caso do convênio é 4,65% sobre o valor do pagamento, assim distribuído:

a) CSLL – Contribuição Social Sobre o Lucro Líquido, 1%;

b) COFINS – Contribuição para Financiamento da Seguridade Social, 3%;

c) PIS/PASEP – Programa de Integração Social, 0,65%.

As alíquotas mencionadas acima são aplicadas na retenção das referidas contribuições, mesmo na hipótese de a fornecedora do bem ou da prestadora do serviço enquadrar-se no regime de não cumulatividade na cobrança da contribuição para o **PIS/PASEP** e da **COFINS** ou nos regimes de alíquotas diferenciadas.

No caso de pessoa jurídica beneficiária de isenção ou de alíquota zero, na forma da legislação específica, de uma ou mais das contribuições sujeitas à retenção, neste caso, dar-se-á mediante aplicação da alíquota específica, correspondente às contribuições não alcançadas pela isenção.

A retenção da **COFINS** e da Contribuição para o **PIS/PASEP** não será exigida, cabendo, somente, a retenção da CSLL, mediante o recolhimento no código específico previsto no inciso I da Cláusula Quinta, nos pagamentos:

I – a título de transporte internacional de cargas ou de passageiros efetuado por empresas nacionais;

III – demais entidades em que a União, direta ou indiretamente, detenha a maioria do capital social com direito a voto, e que dela recebam recursos do Tesouro Nacional e estejam obrigadas a registrar sua execução orçamentária e financeira na modalidade total no Sistema Integrado de Administração Financeira do Governo Federal – SIAFI.

II – aos estaleiros navais brasileiros nas atividades de conservação, modernização, conversão e reparo de embarcações pré-registradas ou registradas no Registro Especial Brasileiro (REB), instituído pela Lei nº 9.432, de 8 de janeiro de 1997.

Quando for efetuado pagamento a cooperativa, em relação a fatos cooperados, não será retida na fonte a Contribuição Social sobre o Lucro – CSLL.

O vencimento dos valores retidos será até o último dia útil da quinzena subsequente àquela quinzena em que tiver ocorrido o pagamento a pessoa jurídica fornecedora do bem ou prestadora do serviço, e deve ser recolhido através de DARF.

As retenções das referidas contribuições são dispensadas nas seguintes hipóteses de pagamentos efetuados a:

I – empresas estrangeiras de transporte de cargas ou de passageiros;

II – pessoas jurídicas optantes pelo Sistema Integrado de Pagamento de Impostos e Contribuições das Microempresas e das Empresas de Pequeno Porte (Simples), em relação às suas receitas próprias;

III – instituições de educação e de assistência social, sem fins lucrativos;

IV – instituições de caráter filantrópico, recreativo, cultural, científico e às associações civis;

V – sindicatos, federações e confederações de empregados;

VI – serviços sociais autônomos, criados ou autorizados por lei;

VII – conselhos de fiscalização de profissões regulamentadas;

VIII – fundações;

IX – condomínios edilícios;

X – Organização das Cooperativas Brasileiras (OCB) e as Organizações Estaduais de Cooperativas previstas no art. 105 e seu § 1º da Lei nº 5.764, de 16 de dezembro de 1971;

XI – pessoas jurídicas exclusivamente distribuidoras de jornais e revistas;

XII – Itaipu Binacional;

XIII – órgãos da administração direta, autarquias e fundações do Governo Federal, Estadual, Municipal ou do Distrito Federal;

XIV – título de aluguel de imóveis.

Existem casos de pessoas jurídicas que estão dispensadas da retenção das contribuições ou de parte delas, amparadas pela suspensão da exigibilidade do crédito tributário, ou por sentença judicial transitada em julgado, determinando a suspensão do pagamento nestes casos. O órgão ou entidade que efetuar o pagamento deverá calcular, individualmente, os valores das contribuições consideradas devidas, aplicando as alíquotas correspondentes.

Nos casos mencionados em que exista alguma das contribuições dispensadas da retenção, as demais serão recolhidas em DARF distinto, com códigos de arrecadação específicos:

I – 4397, no caso de **CSLL**;

II – 4407, no caso de **COFINS**;

III – 4409, no caso de Contribuição para o **PIS/PASEP**.

Ocorrendo qualquer das situações de dispensa da retenção de qualquer contribuição com base em decisão judicial, a pessoa jurídica que receber o rendimento deverá apresentar à fonte pagadora, a cada pagamento, a comprovação de que a não retenção continua amparada por medida judicial.

Quando a pessoa jurídica beneficiária for tributada com alíquota zero ou isenta de uma das contribuições ou nos casos das cooperativas, cuja contribuição social sobre o lucro líquido é isenta, deve ser aplicado o mesmo procedimento quanto à forma de recolhimento, ou seja, serão recolhidos em DARFs separados com código específico.

Quando a pessoa jurídica for optante do SIMPLES, a exemplo de instituição de educação e de assistência social sem fins lucrativos ou instituição de caráter filantrópico, recreativo, cultural, científico e as associações civis sem fins lucrativos, como comentado, não haverá a retenção, sendo que, nestes casos, os beneficiários devem apresentar declarações comprovando a condição de dispensa, conforme a seguir demonstrado:

ANEXO I

PARA AS PESSOAS JURÍDICAS OPTANTES PELO SIMPLES

DECLARAÇÃO A QUE SE REFERE O ART. 3º, II.

Ilmo. Sr.

(pessoa jurídica pagadora)

(Nome da empresa), com sede (endereço completo), inscrita no CNPJ sob o n⁰..... DECLARA à (nome da pessoa jurídica pagadora), para fins de não incidência na fonte da CSLL, da Cofins, e da contribuição para o PIS/Pasep, a que se refere o art. 33 da Lei nº 10.833, de 29 de dezembro de 2003, que é regularmente inscrita no Sistema Integrado de Pagamento de Impostos e Contribuições das Microempresas e das Empresas de Pequeno Porte (Simples), nos termos da Lei nº 9.317, de 05 de dezembro de 1996.

Para esse efeito, a declarante informa que:

I – preenche os seguintes requisitos:

a) conserva em boa ordem, pelo prazo de cinco anos, contado da data da emissão, os documentos que comprovam a origem de suas receitas e a efetivação de suas despesas, bem assim a realização de quaisquer outros atos ou operações que venham a modificar sua situação patrimonial;

b) apresenta anualmente Declaração Simplificada da Pessoa Jurídica (Simples), em conformidade com o disposto em ato da Secretaria da Receita Federal;

II – o signatário é representante legal desta empresa, assumindo o compromisso de informar à Secretaria da Receita Federal e à pessoa jurídica pagadora, imediatamente, eventual desenquadramento da presente situação e está ciente de que a falsidade na prestação destas informações, sem prejuízo do disposto no art. 32 da Lei nº 9.430, de 27 de dezembro de 1996, sujeitará, juntamente com as demais pessoas que para ela concorrem às penalidades previstas na legislação criminal e tributária, relativas à falsidade ideológica (art. 299 do Código Penal) e ao crime contra a ordem tributária (art. 1º da Lei nº 8.137, de 27 de dezembro de 1990).

Local e data ....

Assinatura do Responsável

ANEXO II

INSTITUIÇÕES DE EDUCAÇÃO E DE ASSISTÊNCIA SOCIAL, SEM FINS LUCRATIVOS

DECLARAÇÃO A QUE SE REFERE O ART. 3º, III

Ilmo. Sr.

(autoridade a quem se dirige)

(Nome da entidade), com sede (endereço completo), inscrita no CNPJ sob o nº ...., DECLARA à (nome da entidade pagadora), para fins de não incidência na fonte da CSLL, da Cofins e da Contribuição para o PIS/Pasep, a que se refere o art. 33 da Lei nº 10.833, de 29 de dezembro de 2003, que é instituição de educação ou de assistência social a que se refere o art. 12 da Lei nº 9.532, de 10 dezembro de 1997.

Para esse efeito, a declarante informa que:

I – preenche os seguintes requisitos, cumulativamente:

a) é reconhecida como de utilidade pública federal e estadual ou do Distrito Federal ou municipal;

b) é portadora do Certificado de Entidade de Fins Filantrópicos, fornecido pelo Conselho Nacional de Serviço Social;

c) promove assistência social beneficente, inclusive educacional ou de saúde, a menores, idosos, excepcionais ou pessoas carentes;

d) é entidade sem fins lucrativos;

e) apresenta, anualmente, ao órgão do Instituto Nacional do Seguro Social (INSS) jurisdicionante de sua sede, relatório circunstanciado de suas atividades no exercício anterior;

f) presta serviços para os quais foi instituída e os coloca à disposição da população em geral, em caráter complementar às atividades do Estado;

g) não percebem seus diretores, dirigentes, conselheiros, sócios, instituidores ou benfeitores, remuneração, por qualquer forma, por serviços prestados e não usufruem eles vantagens ou benefícios a qualquer título;

h) aplica integralmente seus recursos na manutenção e desenvolvimento de seus objetivos sociais;

i) mantém escrituração completa de suas receitas e despesas em livros revestidos das formalidades que assegurem a respectiva exatidão;

j) conserva em boa ordem, pelo prazo de cinco anos, contado da data da emissão, os documentos que comprovam a origem de suas receitas e a efetivação de suas despesas, bem assim a realização de quaisquer outros atos ou operações que venham a modificar sua situação patrimonial;

l) apresenta anualmente Declaração de Informações Econômico-Fiscais da Pessoa Jurídica (DIPJ), em conformidade com o disposto em ato da Secretaria da Receita Federal;

m) recolhe os tributos retidos sobre os rendimentos pagos ou creditados e a contribuição para a seguridade social relativa aos empregados, bem assim cumpre as obrigações acessórias decorrentes;

n) cumpre os demais requisitos estabelecidos em lei específica, relacionados com o funcionamento de suas atividades;

II – o signatário é representante legal desta entidade, assumindo o compromisso de informar à Secretaria da Receita Federal e à unidade pagadora, imediatamente, eventual desenquadramento da presente situação e está ciente de que a falsidade na prestação destas informações, sem prejuízo do disposto no art. 32 da Lei nº 9.430, de 27 de dezembro de 1996, o sujeitará, juntamente com as demais pessoas que para ela concorrem às penalidades previstas na legislação criminal e tributária, relativas à falsidade ideológica (art. 299 do Código Penal) e ao crime contra a ordem tributária (art. 1º da Lei nº 8.137, de 27 de dezembro de 1990).

Local e data

Assinatura do Responsável

ANEXO III

INSTITUIÇÕES DE CARÁTER FILANTRÓPICO, RECREATIVO, CULTURAL, CIENTÍFICO E AS ASSOCIAÇÕES CIVIS.

DECLARAÇÃO A QUE SE REFERE O ART. 4º, IV

Ilmo. Sr.

(autoridade a quem se dirige)

(Nome da entidade), com sede (endereço completo), inscrita no CNPJ sob o nº ...., DECLARA à (nome da entidade pagadora), para fins de não incidência na fonte da CSLL, da Cofins, e da Contribuição para o PIS/Pasep, a que se refere o art. 33 da Lei nº 10.833, de 29 de dezembro de 2003, que é entidade sem fins lucrativos de caráter ...., a que se refere o art. 15 da Lei nº 9.532, de 10 de dezembro de 1997.

Para esse efeito, a declarante informa que:

I – preenche os seguintes requisitos, cumulativamente:

a) é entidade sem fins lucrativos;

b) presta serviços para os quais foi instituída e os coloca à disposição do grupo de pessoas a que se destinam;

c) não remunera, por qualquer forma, seus dirigentes por serviços prestados;

d) aplica integralmente seus recursos na manutenção e desenvolvimento de seus objetivos sociais;

e) mantém escrituração completa de suas receitas e despesas em livros revestidos das formalidades que assegurem a respectiva exatidão;

f) conserva em boa ordem, pelo prazo de cinco anos, contado da data da emissão, os documentos que comprovam a origem de suas receitas e a efetivação de suas despesas, bem assim a realização de quaisquer outros atos ou operações que venham a modificar sua situação patrimonial;

g) apresenta anualmente Declaração de Informações Econômico-Fiscais da Pessoa Jurídica (DIPJ), em conformidade com o disposto em ato da Secretaria da Receita Federal;

II – o signatário é representante legal desta entidade, assumindo o compromisso de informar à Secretaria da Receita Federal e à unidade pagadora, imediatamente, eventual desenquadramento da presente situação e está ciente de que a falsidade na prestação destas informações, sem prejuízo do disposto no art. 32 da Lei nº 9.430, de 27 de dezembro de 1996, o sujeitará, juntamente com as demais pessoas que para ela concorrem, às penalidades previstas na legislação criminal e tributária, relativas à falsidade ideológica (art. 299 do Código Penal) e ao crime contra a ordem tributária (art. 1º da Lei nº 8.137, de 27 de dezembro de 1990).

Local e data..

Assinatura do Responsável

A fonte pagadora responsável pela retenção das contribuições arquivará a primeira via da declaração, que ficará à disposição da SRF, devendo a segunda via ser devolvida ao interessado, como recibo.

O órgão ou a entidade que efetuar a retenção deverá fornecer à pessoa jurídica beneficiária do pagamento comprovante anual da retenção, até o último dia do mês de fevereiro do ano subsequente, informando, relativamente a cada mês em que houver sido efetuado o pagamento:

I – o código de arrecadação;

II – o valor pago, assim entendido o valor antes de efetuada a retenção;

III – o valor retido.

O órgão, em vez de fornecer comprovante, pode fazer a opção de disponibilizar, por meio da Internet, à pessoa jurídica beneficiária do pagamento.

Os órgãos ou entidades que realizarem retenção das contribuições objeto deste convênio deverão, anualmente, até o último dia do mês de fevereiro do ano subsequente às retenções, apresentar Declaração de Imposto de Renda Retido na Fonte (Dirf), nela discriminando, mensalmente, o somatório dos valores pagos e o total retido, por contribuinte e por código de arrecadação.

3.2 RETENÇÃO DA CONTRIBUIÇÃO PARA O INSS

3.2.1 Retenção de 11% entre pessoas jurídicas, na prestação de serviços mediante cessão ou empreitada de mão de obra

Desde fevereiro de 1999, entrou em vigor a Lei nº 9.711/1998, que introduziu a obrigatoriedade da retenção, pela empresa contratante de serviço mediante cessão de mão de obra ou empreitada, de 11% sobre o valor total dos serviços contidos na nota fiscal, na fatura ou no recibo emitido pelo prestador.

3.2.2 Conceito de cessão de mão de obra

É a colocação à disposição da empresa contratante, em suas dependências ou nas de terceiros, de trabalhadores que realizem serviços contínuos, relacionados ou não com sua atividade-fim, quaisquer que sejam a natureza e a forma de contratação, inclusive por meio de trabalho temporário.

3.2.3 Conceito de empreitada

É a execução contratualmente estabelecida, de tarefa, de obra ou de serviço, por preço ajustado, com ou sem fornecimento de material ou uso de equipamentos, que podem ou não ser utilizados, realizada nas dependências da empresa contratante, nas de terceiros ou nas dependências da empresa contratada, tendo como objeto um resultado pretendido.

3.2.4 Serviços sujeitos à retenção

Para fins da retenção na fonte de 11% a título de INSS, enquadram-se como serviços realizados mediante cessão de mão de obra os seguintes:

I – limpeza, conservação e zeladoria;

II – vigilância e segurança;

III – construção civil;

IV – serviços rurais;

V – digitação e preparação de dados para processamento;

VI – acabamento, embalagem e acondicionamento de produtos;

VII – cobrança;

VIII – coleta e reciclagem de lixo e resíduos;

IX – copa e hotelaria;

X – corte e ligação de serviços públicos;

XI – distribuição;

XII – treinamento e ensino;

XIII – entrega de contas e documentos;

XIV – ligação e leitura de medidores;

XV – manutenção de instalações, de máquinas e equipamentos;

XVI – montagem;

XVII – operação de máquinas, equipamentos e veículos;

XVIII – operação de pedágios e terminais de transporte;

XIX – operação de transporte de passageiros;

XX – portaria, recepção e ascensorista;

XXI – recepção, triagem e movimentação de materiais;

XXII – promoção de vendas e eventos;

XXIII – secretaria e expediente;

XXIV – saúde;

XXV – telefonia, inclusive telemarketing.

3.2.5 Base de cálculo

A base de cálculo é o valor bruto do documento emitido pela prestadora de serviços mediante empreitada ou cessão de mão de obra, que pode ser nota fiscal, da fatura ou do recibo, sobre o qual serão aplicados 11% de retenção.

3.2.5.1 Contrato com previsão de fornecimento de material ou utilização de bens

Quando no contrato de prestação de serviço existir previsão de fornecimento de material ou utilização de equipamento próprio ou de terceiro, para ser utilizado na execução do serviço, ocorre o seguinte tratamento:

i) Quando o material fornecido ou utilizado for discriminado na nota fiscal, na fatura ou no recibo de prestação de serviços, a base de cálculo da retenção será o valor dos serviços estabelecidos em contrato;

ii) Quando o material fornecido ou utilizado não for discriminado na nota fiscal, na fatura ou no recibo, a base de cálculo da retenção corresponderá, no mínimo, a:

I – 50% do valor bruto da nota fiscal, da fatura ou do recibo de prestação de serviços;

II – 30% do valor bruto da nota fiscal, da fatura ou do recibo de prestação de serviços para os serviços de transporte de passageiros, *quando as despesas de combustível e de manutenção dos veículos corram por conta do prestador do serviço*;

III – 65% quando se referir à limpeza hospitalar e 80% quando se referir às demais limpezas, aplicados sobre o valor bruto da nota fiscal, da fatura ou do recibo de prestação de serviços.

3.2.5.2 Quando no contrato não existir a previsão de fornecimento de material ou utilização de bens

Quando a utilização de equipamento for inerente à execução dos serviços contratados, mas não estiver prevista em contrato, a base de cálculo da retenção corresponderá, no mínimo, a 50% do valor bruto da nota fiscal, da fatura ou do recibo de prestação de serviços.

A regra geral é de que quando não existir previsão contratual de fornecimento de material ou utilização de equipamento e o uso deste equipamento não for inerente ao serviço, independente de haver ou não a discriminação de valores na nota fiscal, na fatura ou no recibo de prestação de serviços, a base de cálculo da retenção será o valor bruto.

Com efeito, quando o serviço prestado for de transporte de passageiros, independentemente de constar ou não previsão no contrato de fornecimento de material ou utilização de equipamentos, a base de cálculo da retenção será sempre de 30% do valor bruto da nota fiscal, da fatura ou do recibo de prestação de serviços, quando as despesas de combustível e de manutenção dos veículos corram por conta da contratada.

3.2.5.3 Emissão da nota fiscal

Na emissão da nota fiscal, da fatura ou do recibo de prestação de serviços, a contratada (prestadora de serviço) deverá destacar o valor da retenção com o título de "RETENÇÃO PARA A PREVIDÊNCIA SOCIAL".

O destaque do valor retido deverá ser identificado logo após a descrição dos serviços prestados, apenas para produzir efeito como parcela dedutível no ato da quitação da nota fiscal, da fatura ou do recibo de prestação de serviços, sem alteração do valor bruto da nota, da fatura ou do recibo de prestação de serviços.

3.2.5.4 Responsável pela retenção e pelo recolhimento

A empresa tomadora de serviço mediante empreitada ou cessão de mão de obra é a responsável, desde a competência de fevereiro de 1999, por reter e recolher o percentual de 11% destinado ao INSS.

3.2.5.5 Retenção na prestação de serviços em condições especiais

Desde 1º de abril de 2003, para os casos especiais, a alíquota de 11% passou a ser acrescida dependendo da atividade exercida pelos empregados do contratado, ou seja, existe uma variação de acordo com o grau de risco que se exponham os funcionários da contratada a agentes nocivos. Os acréscimos são os seguintes:

a) 2%, passando assim a alíquota para a retenção de 13%;

b) 3%, passando assim a alíquota para a retenção de 14%;

c) 4%, passando assim a alíquota para a retenção de 15%.

Este acréscimo é necessário para possibilitar as aposentadorias especiais, que poderão ser com 15, 20 ou 25 anos de trabalho, considerando as condições de trabalho que prejudicam a saúde ou a integridade física do empregado.

O quadro abaixo apresenta a classe de empresas e serviços que estão enquadrados na condição de regime especial, por se tratar de agentes nocivos no ambiente de trabalho:

1. AGENTES NOCIVOS

1.0 AGENTES NOCIVOS

1.0.0 AGENTES QUÍMICOS

O que determina o direito ao benefício é a exposição do trabalhador ao agente nocivo presente no ambiente de trabalho e no processo produtivo, em nível de concentração superior aos limites de tolerância estabelecidos. (Alterado pelo D-003.265-1999)

O rol de agentes nocivos é exaustivo, enquanto que as atividades listadas, nas quais pode haver a exposição, são exemplificativas. (Acrescentado pelo D-003.265-1999)

1.0.1 ARSÊNIO E SEUS COMPOSTOS 25 ANOS

a) extração de arsênio e seus compostos tóxicos;

b) metalurgia de minérios arsenicais;

c) utilização de hidrogênio arseniado (arsina) em sínteses orgânicas e no processamento de componentes eletrônicos;

d) fabricação e preparação de tintas e lacas;

e) fabricação, preparação e aplicação de inseticidas, herbicidas, parasiticidas e raticidas com a utilização de compostos de arsênio;

f) produção de vidros liga de chumbo e medicamentos com a utilização de compostos de arsênio;

g) conservação e curtume de peles, tratamento e preservação da madeira com a utilização de compostos de arsênio.

1.0.2 ASBESTOS 20 ANOS

a) extração, processamento e manipulação de rochas amiantíferas;

b) fabricação de guarnições para freios, embreagens e materiais isolantes contendo asbestos;

c) fabricação de produtos de fibrocimento;

d) mistura cardagem, fiação e tecelagem de fibras de asbestos.

1.0.3 BENZENO E SEUS COMPOSTOS TÓXICOS 25 ANOS

a) produção e processamento de benzeno;

b) utilização de benzeno como matéria-prima em sínteses orgânicas e na produção de derivados;

c) utilização de benzeno como insumo na extração de óleos vegetais e álcool;

d) utilização de produtos que contenham benzeno, como colas, tintas, vernizes, produtos gráficos e solventes;

e) produção e utilização de clorobenzenos e derivados;

f) fabricação e vulcanização de artefatos de borracha;

g) fabricação e recauchutagem de pneumáticos.

1.0.4 BERÍLIO E SEUS COMPOSTOS TÓXICOS 25 ANOS

a) extração, trituração e tratamento de berílio;

b) fabricação de compostos e ligas de berílio;

c) fabricação de tubos fluorescentes e de ampolas de raio X;

d) fabricação de queimadores e moderadores de reatores nucleares;

e) fabricação de vidros e porcelanas para isolantes térmicos;

f) utilização do berílio na indústria aeroespacial.

1.0.5 BROMO E SEUS COMPOSTOS TÓXICOS 25 ANOS

a) fabricação e emprego do bromo e do ácido brômico.

1.0.6 CÁDMIO E SEUS COMPOSTOS TÓXICOS 25 ANOS

a) extração, tratamento e preparação de ligas de cádmio;

b) fabricação de compostos de cádmio;

c) utilização de eletrodos de cádmio em soldas;

d) utilização de cádmio no revestimento eletrolítico de metais;

e) utilização de cádmio como pigmento e estabilizador na indústria do plástico;

f) fabricação de eletrodos de baterias alcalinas de níquel-cádmio.

1.0.7 CARVÃO MINERAL E SEUS DERIVADOS 25 ANOS

a) extração, fabricação, beneficiamento e utilização de carvão mineral, piche, alcatrão, betume e breu;

b) extração, produção e utilização de óleos minerais e parafinas;

c) extração e utilização de antraceno e negro de fumo;

d) produção de coque.

1.0.8 CHUMBO E SEUS COMPOSTOS TÓXICOS 25 ANOS

a) extração e processamento de minério de chumbo;

b) metalurgia e fabricação de ligas e compostos de chumbo;

c) fabricação e reformas de acumuladores elétricos;

d) fabricação e emprego de chumbo-tetraetila e chumbo-tetrametila;

e) fabricação de tintas, esmaltes e vernizes à base de compostos de chumbo;

f) pintura com pistola empregando tintas com pigmentos de chumbo;

g) fabricação de objetos e artefatos de chumbo e suas ligas;

h) vulcanização da borracha pelo litargírio ou outros compostos de chumbo;

i) utilização de chumbo em processos de soldagem;

j) fabricação de vidro, cristal e esmalte vitrificado;

l) fabricação de pérolas artificiais;

m) fabricação e utilização de aditivos à base de chumbo para a indústria de plásticos.

1.0.9 CLORO E SEUS COMPOSTOS TÓXICOS 25 ANOS

a) fabricação e emprego de defensivos organoclorados;

b) fabricação e emprego de cloroetilaminas (mostardas nitrogenadas);

c) fabricação e manuseio de bifenis policlorados (PCB);

d) fabricação e emprego de cloreto de vinil como monômero na fabricação de policloreto de vinil (PVC) e outras resinas e como intermediário em produções químicas ou como solvente orgânico;

e) fabricação de policloroprene;

f) fabricação e emprego de clorofórmio (triclorometano) e de tetracloreto de carbono.

1.0.10 CROMO E SEUS COMPOSTOS TÓXICOS 25 ANOS

a) fabricação, emprego industrial, manipulação de cromo, ácido crômico, cromatos e bicromatos;

b) fabricação de ligas de ferro-cromo;

c) revestimento eletrolítico de metais e polimento de superfícies cromadas;

d) pintura com pistola utilizando tintas com pigmentos de cromo;

e) soldagem de aço inoxidável.

1.0.11 DISSULFETO DE CARBONO 25 ANOS

a) fabricação e utilização de dissulfeto de carbono;

b) fabricação de viscose e seda artificial (raiom);

c) fabricação e emprego de solventes, inseticidas e herbicidas contendo dissulfeto de carbono;

d) fabricação de vernizes, resinas, sais de amoníaco, de tetracloreto de carbono, de vidros óticos e produtos têxteis com uso de dissulfeto de carbono.

1.0.12 FÓSFORO E SEUS COMPOSTOS TÓXICOS 25 ANOS

a) extração e preparação de fósforo branco e seus compostos;

b) fabricação e aplicação de produtos fosforados e organofosforados (sínteses orgânicas, fertilizantes e praguicidas);

c) fabricação de munições e armamentos explosivos.

1.0.13 IODO 25 ANOS

a) fabricação e emprego industrial do iodo.

1.0.14 MANGANÊS E SEUS COMPOSTOS 25 ANOS

a) extração e beneficiamento de minérios de manganês;

b) fabricação de ligas e compostos de manganês;

c) fabricação de pilhas secas e acumuladores;

d) preparação de permanganato de potássio e de corantes;

e) fabricação de vidros especiais e cerâmicas;

f) utilização de eletrodos contendo manganês;

g) fabricação de tintas e fertilizantes.

1.0.15 MERCÚRIO E SEUS COMPOSTOS 25 ANOS

a) extração e utilização de mercúrio e fabricação de seus compostos;

b) fabricação de espoletas com fulminato de mercúrio;

c) fabricação de tintas com pigmento contendo mercúrio;

d) fabricação e manutenção de aparelhos de medição e de laboratório;

e) fabricação de lâmpadas, válvulas eletrônicas e ampolas de raio X;

f) fabricação de minuterias, acumuladores e retificadores de corrente;

g) utilização como agente catalítico e de eletrólise;

h) douração, prateamento, bronzeamento e estanhagem de espelhos e metais;

i) curtimento e filtragem do couro e conservação da madeira;

j) recuperação do mercúrio;

l) amalgamação do zinco;

m) tratamento a quente de amálgamas de metais;

n) fabricação e aplicação de fungicidas.

1.0.16 NÍQUEL E SEUS COMPOSTOS TÓXICOS 25 ANOS

a) extração e beneficiamento do níquel;

b) niquelagem de metais;

c) fabricação de acumuladores de níquel-cádmio.

PETRÓLEO, XISTO BETUMINOSO, GÁS NATURAL 25 ANOS
E SEUS DERIVADOS

a) extração, processamento, beneficiamento e atividades de manutenção realizadas em unidades de extração, plantas petrolíferas e petroquímicas;

b) beneficiamento e aplicação de misturas asfálticas contendo hidrocarbonetos policíclicos.

1.0.18 SÍLICA LIVRE 25 ANOS

a) extração de minérios a céu aberto;

b) beneficiamento e tratamento de produtos minerais geradores de poeiras contendo sílica livre cristalizada;

c) tratamento, decapagem e limpeza de metais e fosqueamento de vidros com jatos de areia;

d) fabricação, processamento, aplicação e recuperação de materiais refratários;

e) fabricação de mós, rebolos e de pós e pastas para polimento;

f) fabricação de vidros e cerâmicas;

g) construção de túneis;

h) desbaste e corte a seco de materiais contendo sílica.

1.0.19 OUTRAS SUBSTÂNCIAS QUÍMICAS 25 ANOS

Grupo I – ESTIRENO; BUTADIENO-ESTIRENO; ACRILONITRILA; 1-3 BU-TADIENO; CLOROPRENO; MERCAPTANOS, n-HEXANO, DIISOCIANATO DE TOLUENO (TDI); AMINAS AROMÁTICAS

a) fabricação e vulcanização de artefatos de borracha;

b) fabricação e recauchutagem de pneus.

Grupo II – AMINAS AROMÁTICAS, AMINOBIFENILA, AURAMINA, AZA-TIOPRINA, BIS (CLORO METIL) ÉTER, 1-4 BUTANODIOL, DIMETA-NOSULFONATO (MILERAN), CICLOFOSFAMIDA, CLOROAMBUCIL, DIETILESTIL-BESTROL, ACRONITRILA, NITRONAFTILAMINA 4-DIME-TIL-AMINOAZOBENZENO, BENZOPIRENO, BETA-PROPIOLACTONA, BIS-CLOROETILETER, BISCLOROMETIL, CLOROMETILETER, DIANIZIDINA, DICLOROBENZIDINA, DIETILSULFATO, DIMETILSULFATO, ETILENOAMI-NA, ETILENOTIUREIA, FENACETINA, IODETO DE METILA, ETILNITRO-SURÉIAS, METILENO-ORTOCLOROANILINA (MOCA), NITROSAMINA, ORTOTOLUIDINA, OXIME-TALONA, PROCARBAZINA, PROPANOSULTO-NA, 1-3-BUTADIENO, ÓXIDO DE ETILENO, ESTILBENZENO, DIISOCIA-NATO DE TOLUENO (TDI), CREOSOTO, 4-AMINODIFENIL, BENZIDINA, BETANAFTILAMINA, ESTIRENO, 1-CLORO-2, 4 – NITRODIFENIL, 3-PO-XIPRO-PANO

a) manufatura de magenta (anilina e ortotoluidina);

b) fabricação de fibras sintéticas;

c) sínteses químicas;

d) fabricação da borracha e espumas;

e) fabricação de plásticos;

f) produção de medicamentos;

g) operações de preservação da madeira com creosoto;

h) esterilização de materiais cirúrgicos.

2.0.0 AGENTES FÍSICOS

Exposição acima dos limites de tolerância especificados ou às atividades descritas.

2.0.1 RUÍDO 25 ANOS

a) exposição a Níveis de Exposição Normalizados (NEN) superiores a 85 DB (A). (Alterado pelo D-004.882-2003)

2.0.2 VIBRAÇÕES 25 ANOS

a) trabalhos com perfuratrizes e marteletes pneumáticos.

2.0.3 RADIAÇÕES IONIZANTES 25 ANOS

a) extração e beneficiamento de minerais radioativos;

b) atividades em minerações com exposição ao radônio;

c) realização de manutenção e supervisão em unidades de extração, tratamento e beneficiamento de minerais radioativos com exposição às radiações ionizantes;

d) operações com reatores nucleares ou com fontes radioativas;

e) trabalhos realizados com exposição aos raios Alfa, Beta, Gama e X, aos nêutrons e às substâncias radioativas para fins industriais, terapêuticos e diagnósticos;

f) fabricação e manipulação de produtos radioativos;

g) pesquisas e estudos com radiações ionizantes em laboratórios.

2.0.4 TEMPERATURAS ANORMAIS 25 ANOS

a) trabalhos com exposição ao calor acima dos limites de tolerância estabelecidos na NR-15, da Portaria nº 3.214-78.

2.0.5 PRESSÃO ATMOSFÉRICA ANORMAL 25 ANOS

a) trabalhos em caixões ou câmaras hiperbáricas;

b) trabalhos em tubulações ou túneis sob ar comprimido;

c) operações de mergulho com o uso de escafandros ou outros equipamentos.

3.0.0 BIOLÓGICOS

Exposição aos agentes citados unicamente nas atividades relacionadas.

3.0.1 MICRO-ORGANISMOS E PARASITAS INFECTOCONTAGIOSOS

VIVOS E SUAS TOXINAS 25 ANOS (Alterado pelo D-004.882-2003)

a) trabalhos em estabelecimentos de saúde em contato com pacientes portadores de doenças infectocontagiosas ou com manuseio de materiais contaminados;

b) trabalhos com animais infectados para tratamento ou para o preparo de soro, vacinas e outros produtos;

c) trabalhos em laboratórios de autópsia, de anatomia e anátomo-histologia;

112 Retenção de Tributos • Chaves

d) trabalho de exumação de corpos e manipulação de resíduos de animais deteriorados;

e) trabalhos em galerias, fossas e tanques de esgoto;

f) esvaziamento de biodigestores;

g) coleta e industrialização do lixo.

4.0.0 ASSOCIAÇÃO DE AGENTES

Nas associações de agentes que estejam acima do nível de tolerância, será considerado o enquadramento relativo ao que exigir menor tempo de exposição. (Alterado pelo D-004.882-2003)

4.0.1 FÍSICOS, QUÍMICOS E BIOLÓGICOS 20 ANOS

a) mineração subterrânea cujas atividades sejam exercidas afastadas das frentes de produção.

4.0.2 FÍSICOS, QUÍMICOS E BIOLÓGICOS 15 ANOS

a) trabalhos em atividades permanentes no subsolo de minerações subterrâneas em frente de produção.

Quando a empresa tem contrato com condições normais e especiais, deve emitir notas fiscais separadas para efeito da retenção, ou discriminar na nota fiscal, na fatura ou no recibo de prestação de serviços a remuneração desses segurados.

3.2.5.6 *Vencimento e recolhimento do INSS*

O vencimento dos valores retidos é dia 20 do mês seguinte à retenção ao da emissão da nota fiscal, fatura ou recibo de prestação de serviço, sendo que, quando houver feriado, prorroga-se para o primeiro dia útil logo após o feriado (quando houver expediente bancário).

O recolhimento é feito através da GPS, com as seguintes informações:

a) Campo identificador do documento, informar o CNPJ do estabelecimento da empresa contratada (prestador de serviço).

b) Campo nome ou denominação social, informar o nome da contratada seguido do nome da empresa tomadora do serviço (fonte pagadora).

c) No código da guia GPS deve ser informado o nº 2631.

Quando a empresa contratada realizar pagamento de mais de uma nota fiscal, fatura ou recibo, com retenção do INSS, para um prestador de serviço, os valores devem ser recolhidos em uma única GPS.

3.2.5.7 Empresa optante pelo Simples Federal

As empresas optantes pelo Simples também estão dispensadas da retenção dos 11% referentes ao INSS sobre o valor bruto da nota fiscal, da fatura ou do recibo de prestação de serviços emitido, exceto quando, conforme o § 5º-C da Lei Complementar nº 123/06:[4]

> I – construção de imóveis e obras de engenharia em geral, inclusive sob a forma de subempreitada, execução de projetos e serviços de paisagismo, bem como decoração de interiores;
>
> II – serviço de vigilância, limpeza ou conservação.

Dessa forma, as empresas optantes pelo Simples Nacional, em que o imposto é calculado de forma simplificada, de acordo com o anexo IV da Lei Complementar nº 123, tem a retenção do INSS.

3.2.5.8 Dispensa de retenção do INSS

A contratante fica dispensada de efetuar a retenção, quando:

> I – o valor correspondente a 11% (onze por cento) dos serviços contidos em cada nota fiscal, fatura ou recibo de prestação de serviços for até R$ 10,00 (dez reais);

---

[4] Art. 18. O valor devido mensalmente pela microempresa e empresa de pequeno porte comercial, optante pelo Simples Nacional, será determinado mediante aplicação da tabela do Anexo I desta Lei Complementar.

§ 1º [...]

§ 5º-C. Sem prejuízo do disposto no § 1º do art. 17 desta Lei Complementar, as atividades de prestação de serviços seguintes serão tributadas na forma do Anexo IV desta Lei Complementar, hipótese em que não estará incluída no Simples Nacional a contribuição prevista no inciso VI do *caput* do art. 13 desta Lei Complementar, devendo ela ser recolhida segundo a legislação prevista para os demais contribuintes ou responsáveis:

I – construção de imóveis e obras de engenharia em geral, inclusive sob a forma de subempreitada, execução de projetos e serviços de paisagismo, bem como decoração de interiores;

VI – serviço de vigilância, limpeza ou conservação.

II – a contratada não possuir empregados, o serviço for prestado pessoalmente pelo titular ou sócio e o seu faturamento do mês anterior for igual ou inferior a 2 (duas) vezes o limite máximo do salário de contribuição, cumulativamente;

III – a contratação envolver somente serviços profissionais relativos ao exercício de profissão regulamentada por legislação federal, desde que prestados pessoalmente pelos sócios, como também os serviços de treinamento e ensino, nas duas situações é necessário que não haja concurso de empregados ou de outros contribuintes individuais.

Para comprovar que o profissional não tem empregado junto ao tomador do serviço, a contratada apresentará declaração assinada por seu representante legal, sob as penas da lei, de que não possui empregados e o seu faturamento no mês anterior foi igual ou inferior a duas vezes o limite máximo do salário de contribuição.

Com relação à dispensa da retenção, se for necessário comprovar que o serviço foi realizado pelo sócio da pessoa jurídica prestadora do serviço, serão adotados os mesmos procedimentos do parágrafo anterior.

De acordo com a legislação, são serviços profissionais regulamentados todos aqueles já mencionados no item 1.3.4.4.1, que trata da retenção de imposto de renda, ou seja, são os serviços relacionados no art. 647 do Regulamento do Imposto de Renda.

3.2.5.9   *Casos com subcontratação*

Nos casos em que houver subcontratação, poderão ser deduzidos do valor da retenção a ser efetuada pela contratante os valores retidos da subcontratada e comprovadamente recolhidos pela contratada, desde que todos os documentos envolvidos se refiram à mesma competência e ao mesmo serviço.

Exemplo:

Empresa A: Contrata serviço da empresa B;

Empresa B: Contrata serviço da empresa C.

Quando a empresa B emitir a nota fiscal para a empresa A, deve informar o valor do serviço que foi faturado pela subcontratada, o valor do INSS retido e comprovar o recolhimento da mesma. Dessa forma, a empresa faz a retenção somente da diferença, conforme a seguir detalhado.

A nota fiscal emitida pela empresa B deverá destacar na nota fiscal, na fatura ou no recibo de prestação de serviços as retenções, da seguinte forma:

I – retenção para a Previdência Social: informar o valor correspondente a 11% do valor bruto dos serviços;

II – dedução de valores retidos de subcontratadas: informar o valor total correspondente aos valores retidos e recolhidos relativos aos serviços subcontratados;

III – valor retido para a Previdência Social: informar o valor correspondente à diferença entre a retenção, apurada na forma do item I, e a dedução efetuada conforme item II, que indicará o valor a ser efetivamente retido pela contratante.

A documentação que a empresa B deverá encaminhar à contratante (fonte pagadora do rendimento), para fins de que não seja retido o INSS sobre o valor da nota fiscal, é a seguinte:

I – das notas fiscais, das faturas ou dos recibos de prestação de serviços das subcontratadas com o destaque da retenção;

II – dos comprovantes de arrecadação dos valores retidos das subcontratadas;

III – da GFIP, elaborada pelas subcontratadas, na qual conste no campo "Inscrição Tomador CNPJ/CEI" o CNPJ da contratada ou a matrícula CEI da obra e, no campo "denominação social Tomador de Serviço/obra construção civil", a denominação social da empresa contratada.

A subcontratação se aplica à construção por empreita, sendo que as obrigações mencionadas acima devem ser atendidas nas seguintes situações:

a) quando a empresa contratada solicitar a redução da retenção do INSS nos seus pagamentos dos valores que a mesma tenha retido dos subcontratos;

b) quando a empresa contratada tenha realizado retenção e recolhimento de contribuições previdenciárias de pessoa jurídica subcontratada, mas não solicita deduções desta contribuição a ser retirada do recebimento de valores correspondentes a notas fiscais emitidas por esta.

Cumpre informar duas situações especiais distintas em relação à contratante, à contratada e aos subcontratados:

i) **Regra Geral:** quando se trata de construção civil com existência de subcontratadas, é aplicado o art. 127 da Instrução Normativa RFB nº 971/2009, na hipótese de retenção e dedução das retenções.

ii) **Primeira situação especial:** quando se trata de construção com existência de subcontratadas e nas retenções do INSS nos pagamentos da contratada, não é feita dedução da contribuição descontada e recolhida dos subcontratados, sendo que os valores subcontratados não fazem parte do CUB da obra.

iii) **Segunda situação especial:** quando se trata de construção com existência de subcontratos e nas retenções do INSS nos pagamentos da contratada, não é feita dedução da contribuição descontada e recolhida dos subcontratados, mas os valores subcontratados que fazem parte do CUB da obra.

Primeira Situação: A contratada não utiliza a faculdade prevista no art. 127 da IN SRF nº 971/2009, ou seja, a contratada, ao não deduzir as retenções realizadas, paga 11% (onze por cento) à contratante, conforme exemplo abaixo.

A retenção do INSS tem como finalidade o recolhimento da Previdência Social relativo à determinada obra, através do CEI (CUB), conforme a seguir demonstrado:

Valor da obra

Mão de Obra (valores que fazem parte do CUB)	R$ 5.000.000,00
Materiais outros	R$ 5.000.000,00
Total	R$ 10.000.000,00

Desta forma, a Previdência Social relativa ao CEI desta obra é devida sobre R$ 5.000.000,00, valor estimado como CUB da obra.

Com base nos dados acima, pode-se analisar da seguinte forma:

A CONTRATADA emitiu NF no valor de R$ 10.000.000,00; foi retido INSS sobre R$ 5.000.000,00 e foi informado na GFIPs valor da obrigação e recolhimento de Previdência Social sobre uma mão de obra de R$ 5.000.000,00, fechando com os valores que compõem o CUB da obra.

Retenção realizada sobre mão de obra de locação que não compõe o CUB referente à subcontratação

Dando continuidade ao exemplo, a CONTRATADA subcontratou *locação com mão de obra*, no valor de R$ 1.000.000,00, e fez a retenção do INSS de acordo com a legislação vigente e recolheu (11%), *mas não deduziu esta retenção dos valores a serem retidos de suas faturas.*

Dessa forma, caso sejam informados na GFIPs da subcontratada esses valores relativos à Previdência recolhidos com CEI daquela obra, significa que os valores vão ser recolhidos duas vezes, da seguinte forma:

a) serão recolhidos pela empresa B os valores retidos da pessoa jurídica subcontratada;

b) como o valor recolhido pela empresa B não foi retido, a empresa contratante fará recolhimento outra vez do mesmo valor.

Assim os valores recolhidos à previdência no CEI informado dessa obra serão sobre R$ 6.000.000,00 e não sobre R$ 5.000.000,00, como deveria ser.

Vale ressaltar que esses valores referentes à locação com mão de obra não compõem o CUB, conforme o anexo VIII da IN SRFB nº 971/2009, mas estão sujeitos à retenção do INSS.

Retenção de mão de obra de locação que compõe o CUB

Existem casos em que os serviços subcontratados fazem parte da composição do CUB, e a empresa contratada faz a retenção e recolhe o INSS de acordo com a legislação vigente, mas não solicita da contratante a dedução dos valores da referida contribuição a serem retidos de suas faturas.

Ocorre que, como os valores subcontratados são referentes à mão de obra que compõe o CUB da obra, entende-se que nas GFIPs das empresas subcontratadas deve ser informado o CEI da OBRA.

Com efeito, ainda que considerando os valores de contribuições previdenciárias retidos e recolhidos sobre R$ 1.000.000,00, e a CONTRATADA não deduziu as retenções que foram feitas do subcontrato, e foi feita retenção também no pagamento das faturas da contratada sobre R$ 5.000.000,00, assim foi retido INSS sobre R$ 6.000.000,00.

Ocorre que a contratada declara na GFIPs valores de contribuição vinculados ao CEI da obra somente sobre salário de R$ 4.000.000,00.

Os valores retidos a maior, ou seja, sobre R$ 5.000.000,00 serão compensados em contribuições previdenciárias de outras obras ou até mesmo do salário administrativo.

Dessa forma, na GFIPs da contratada será informado INSS sobre o CEI da referida OBRA, sobre R$ 4.000.000,00. Isto implica que os valores recolhidos de INSS sobre a referida CEI serão inferiores ao CUB.

Diante da situação comentada no parágrafo anterior, quando os serviços são subcontratados, mesmo que a contratada não deduza dos valores a serem descontados sobre suas faturas, é necessário que a subcontratada informe em sua GFIPs os valores de INSS vinculados àquela CEI e a contratante deve receber as informações mencionadas no art. 127 da IN nº 971.

ATIVIDADES OU SERVIÇOS NÃO INCLUÍDOS NA COMPOSIÇÃO DO CUB, SUJEITOS À RETENÇÃO DE 11% (ONZE POR CENTO):

01 – instalação de estruturas metálicas;

02 – instalações de estrutura de concreto armado (pré-moldada);

03 – obras complementares na construção civil: ajardinamento; recreação; terraplenagem; urbanização;

04 – lajes de fundação *radiers*;

05 – instalação de aquecedor, bomba de recalque, incineração, *playground*, equipamento de garagem, equipamento de segurança, equipamento contra incêndio e de sistema de aquecimento a energia solar;

06 – instalações de elevador, quando houver emissão de nota fiscal – fatura de serviço (NFFS);

07 – instalação de esquadrias metálicas;

08 – colocação de gradis;

09 – montagem de torres;

10 – locação de equipamentos com operador;

11 – impermeabilização contratada com empresa especializada.

ATIVIDADES OU SERVIÇOS NÃO INCLUÍDOS NA COMPOSIÇÃO DO CUB, NÃO SUJEITOS À RETENÇÃO DE 11% (ONZE POR CENTO): – SERVIÇOS EXCLUSIVOS DE:

01 – instalação de antena coletiva;

02 – instalação de aparelhos de ar condicionado, de refrigeração, de ventilação, de aquecimento, de calefação ou de exaustão;

03 – instalação de sistemas de ar condicionado, de refrigeração, de ventilação, de aquecimento, de calefação ou de exaustão, quando a venda for realizada com emissão apenas da nota fiscal de venda mercantil;

04 – instalação de estruturas e de esquadrias metálicas, de equipamento ou de material, quando a venda for realizada com emissão apenas da nota fiscal de venda mercantil;

05 – jateamento ou hidrojateamento;

06 – perfuração de poço artesiano;

07 – sondagem de solo;

08 – controle de qualidade de materiais;

09 – locação de equipamentos sem operador;

10 – serviços de topografia;

11 – administração, fiscalização e gerenciamento de obras;

12 – elaboração de projeto arquitetônico e estrutural;

13 – assessorias ou consultorias técnicas;

14 – locação de caçambas;

15 – fundações especiais (exceto lajes de fundação *radiers*).

RELAÇÃO DE PROFISSIONAIS NÃO INCLUÍDOS NO CUB, SEGUNDO NBR Nº 12721/2006:

01 – engenheiro e arquiteto projetistas;

02 – encarregado;

03 – almoxarife;

04 – auxiliar de almoxarife;

05 – apontador;

06 – demais administrativos da obra.

3.2.5.10 Obrigações acessórias (empresa contratada e contratante)

A empresa contratada (prestadora de serviço) deverá elaborar:

I – folhas de pagamento distintas e respectivo resumo geral, para cada estabelecimento ou obra de construção civil da empresa contratante, nos quais deve relacionar todos os segurados alocados na prestação de serviços;

II – GFIP com as informações relativas aos tomadores de serviços, para cada estabelecimento da empresa contratante ou cada obra de construção civil, utilizando os códigos de recolhimento próprios da atividade, conforme normas previstas no Manual da GFIP;

III – demonstrativo mensal por contratante e por contrato, assinado pelo seu representante legal, no qual constem:

a) a denominação social e o CNPJ da contratante ou a matrícula CEI da obra de construção civil;

b) o número e a data de emissão da nota fiscal, da fatura ou do recibo de prestação de serviços;

c) o valor bruto, o valor retido e o valor líquido recebidos relativamente à nota fiscal, à fatura ou ao recibo de prestação de serviços;

d) a totalização dos valores e sua consolidação por obra de construção civil ou por estabelecimento da contratante, conforme o caso.

Quando a empresa contratada comprovar que utiliza os mesmos segurados para realizar tarefas em diversos estabelecimentos ou obras de construção civil, de forma alternada, inviabilizando a individualização, fica dispensada de elaborar folha de pagamento e GFIP distintas por estabelecimento ou obra de construção civil.

Caso a empresa contratada seja legalmente obrigada a manter contabilidade, deve registrar mensalmente, em contas individualizadas, todos os fatos geradores de contribuições sociais, inclusive a retenção sobre o valor da prestação de serviços, ou seja, a contabilização deve ser por nota fiscal.

A empresa contratada poderá fazer a contabilização de forma resumida no final do mês, mas deverá manter em registros auxiliares a discriminação desses valores, por contratante.

A empresa contratante (fonte pagadora do rendimento) fica obrigada a manter em arquivo, por empresa contratada, em ordem cronológica, durante o prazo de dez anos, as notas fiscais, as faturas ou os recibos de prestação de serviços, as correspondentes GFIPs e, se for o caso, a cópia:

I – das notas fiscais, das faturas ou dos recibos de prestação de serviços das subcontratadas com o destaque da retenção;

II – dos comprovantes de arrecadação dos valores retidos das subcontratadas;

III – das GFIPs elaboradas pelas subcontratadas, em que conste no campo "Inscrição Tomador CNPJ/CEI" o CNPJ da contratada ou a matrícula CEI da obra e, no campo "denominação social Tomador de Serviço/obra construção civil", a denominação social da empresa contratada.

Se a pessoa jurídica legalmente obrigada a ter contabilidade for contratante (fonte pagadora do rendimento), está obrigada a registrar mensalmente, em contas individualizadas, todos os fatos geradores de contribuições sociais, inclusive a retenção sobre o valor dos serviços contratados, ou seja, a contabilização deve ser por documento.

No caso de a contratada fazer os lançamentos pela soma total das notas fiscais, das faturas ou dos recibos de prestação de serviços e pela soma total da retenção por mês, por contratada, deverá manter em registros auxiliares a discriminação desses valores, individualizados por contratada.

Com efeito, quando a empresa contratante (fonte pagadora do rendimento) for legalmente dispensada da apresentação da escrituração contábil, deverá elaborar demonstrativo mensal, assinado pelo seu representante legal, relativo a cada contrato, no qual constem as seguintes informações:

I – a denominação social e o CNPJ da contratada;

II – o número e a data da emissão da nota fiscal, da fatura ou do recibo de prestação de serviços;

III – o valor bruto, a retenção e o valor líquido pago relativos à nota fiscal, fatura ou recibo de prestação de serviços;

IV – a totalização dos valores e sua consolidação por obra de construção civil e por estabelecimento da contratada, conforme o caso.

3.2.5.11 Construção civil

Sujeitam-se à retenção do INSS a prestação de serviços mediante empreitada parcial ou subempreitada de obra de construção civil e de empreitada, total ou parcial, ou subempreitada de serviços de construção civil, com ou sem fornecimento de material.

Na área de construção civil, não se sujeita à retenção a prestação de serviços de:

I – administração, fiscalização, supervisão ou gerenciamento de obras;

II – assessoria ou consultoria técnica;

III – controle de qualidade de materiais;

IV – fornecimento de concreto usinado, de massa asfáltica ou de argamassa usinada ou preparada;

V – jateamento ou hidrojateamento;

VI – perfuração de poço artesiano;

VII – elaboração de projeto da construção civil vinculado a uma Anotação de Responsabilidade Técnica (ART);

VIII – ensaios geotécnicos de campo ou de laboratório (sondagens de solo, provas de carga, ensaios de resistência, amostragens, testes em laboratório de solos ou outros serviços afins);

IX – serviços de topografia;

X – instalação de antenas, de aparelhos de ar condicionado, de ventilação, de calefação ou de exaustão;

XI – locação de caçamba;

XII – locação de máquinas, de ferramentas, de equipamentos ou de outros utensílios sem fornecimento de mão de obra;

XIII – venda com instalação de estrutura metálica, de equipamento ou de material, com emissão apenas da nota fiscal de venda mercantil;

XIV – fundações especiais.

Quando na prestação dos serviços relacionados no item XIII houver emissão de nota fiscal, fatura ou recibo de prestação de serviços relativos à mão de obra utilizada na instalação do material ou do equipamento vendido, os valores desses serviços integrarão a base de cálculo da retenção.

Quando a contratada fornecer serviços sujeitos à retenção do INSS simultaneamente com outros serviços que não se sujeitam à retenção, o cálculo deve ser somente sobre aquele em que existir previsão legal para retenção. *Não havendo discriminação no contrato, aplicar-se-á a retenção a todos os serviços contratados.*

3.2.5.12 Compensação/restituição

A compensação dos valores retidos na fonte referentes ao INSS, no ato da quitação da nota fiscal, da fatura ou do recibo de prestação de serviços, poderá ser feita pela empresa contratada por ocasião do recolhimento das contribuições devidas à Previdência Social, desde que a retenção esteja *destacada na nota fiscal, na fatura ou no recibo de prestação de serviços.*

Nos casos em que não foi destacado na nota fiscal o valor correspondente aos 11% do INSS referente à compensação pelo contratado, fica condicionada à *comprovação de que a fonte pagadora reteve e tenha efetuado o recolhimento desse valor.*

A compensação da retenção somente poderá ser efetuada com as contribuições devidas à Previdência Social, relativas a cada estabelecimento da contratada, *não podendo absorver contribuições destinadas a outras entidades, estas deverão ser recolhidas pelo contribuinte.*

A data considerada como competência é da emissão da nota fiscal, fatura ou recibo, tanto para fins de retenção, quanto de recolhimento e compensação.

Com relação à contribuição devida pela contratada referente a 13º salário, pode ser compensada com os valores retidos no mês de dezembro.

Caberá a compensação dos valores retidos em recolhimento efetuado em atraso, desde que o valor retido seja da mesma competência do pagamento das contribuições.

A contratada, quando for fazer a compensação do valor retido, deverá fazê-lo no documento de arrecadação do estabelecimento da empresa que sofreu a retenção, ou seja, no caso de uma filial, a compensação deve ser feita na guia daquela filial, sendo vedada a compensação em documento de arrecadação referente a outro estabelecimento.

A empresa contratada para a execução de obra de construção civil mediante empreitada total compensará o valor eventualmente retido em documento de arrecadação identificado com a matrícula CEI da obra para a qual foi efetuado o faturamento, vedada a compensação em documento de arrecadação referente a outra obra.

No caso de obra de construção civil, é admitida a compensação de saldo de retenção com as contribuições referentes ao estabelecimento da empresa à qual se vincula a obra.

A contribuição retida e compensada integralmente na mesma competência pela empresa prestadora de serviços poderá ser compensada nas competências subsequentes ou ser objeto de pedido de restituição.

Quando a contratada fizer a opção pela compensação, não existirá mais o limite de 30%, podendo assim ser compensado o valor integral da contribuição devida.

A critério do contribuinte, pode-se requerer a restituição integral dos valores retidos. Se após a compensação ainda restar algum saldo, é possível fazer o pedido de restituição parcial do valor não compensado.

Nos casos em que não houve o destaque da retenção na nota fiscal, a contratada só poderá receber a restituição pleiteada se comprovar o recolhimento do valor retido pela empresa contratante.

Tanto a empresa contratante como a contratada podem pedir a restituição dos valores retidos e recolhidos em duplicidade ou a maior, podendo o pedido ser feito por qualquer uma das duas, só que, no caso do pedido ser feito pela contratante, deve ser observado o seguinte:

> I – autorização expressa de responsável legal pela empresa contratada, com firma reconhecida em cartório, com poderes específicos para requerer e receber a restituição, na qual conste a(s) competência(s) em que houve recolhimento em duplicidade ou de valor a maior;

II – declaração firmada pelo outorgante, sob as penas da lei, com firma reconhecida em cartório, de que não compensou nem foi restituído dos valores requeridos pela outorgada.

A seguir estão demonstrados alguns serviços prestados com cessão de mão de obra ou empreitada, que são ou não sujeitos à retenção de 11%.

3.3 RETENÇÃO CONJUNTA DE IRPJ E CONTRIBUIÇÕES SOBRE RENDIMENTOS PAGOS POR ÓRGÃOS E ENTIDADES DA ADMINISTRAÇÃO PÚBLICA FEDERAL A OUTRAS PESSOAS JURÍDICAS – SOBRE RENDIMENTOS CONFORME TABELA DE CÓDIGOS E PERCENTUAIS ESPECÍFICOS

Com relação ao imposto de renda, contribuição social sobre o lucro, PIS e CO-FINS, os órgãos públicos federais devem reter referidos tributos de acordo com as determinações da IN/RFB nº 1.234/2012.

Nas contribuições para a Previdência Social, todos os pagamentos estão sujeitos às regras comentadas anteriormente, que se aplicam tanto ao setor privado como ao público.

Na nota fiscal deve constar a informação dos valores que serão retidos.

A base de cálculo da retenção é o valor da nota fiscal. Quando se tratar de serviço, deve-se ficar atento a algumas observações, tais como:

I – serviços prestados com emprego de materiais, os serviços cuja prestação envolva o fornecimento pelo contratado de materiais, desde que tais materiais estejam discriminados no contrato ou em planilhas à parte integrante do contrato, e na nota fiscal ou fatura de prestação de serviços;

II – construção por empreitada com emprego de materiais, a contratação por empreitada de construção civil, na modalidade total, fornecendo o empreiteiro todos os materiais indispensáveis à sua execução, sendo tais materiais incorporados à obra.

Quando existir glosa de valores sem a emissão de uma nova nota fiscal, *a base se cálculo será o valor original*, sendo que quando existir *juros de mora devem ser somados ao valor da nota fiscal*.

As alíquotas a serem aplicadas sobre os valores brutos das notas fiscais seguem a tabela a seguir:

Anexo I
tabela de retenção

NATUREZA DO BEM FORNECIDO OU DO SERVIÇO PRESTADO (01)	ALÍQUOTAS				PERCENTUAL A SER APLICADO (06)	CÓDIGO DA RECEITA (07)
	IR (02)	CSLL (03)	COFINS (04)	PIS/PASEP (05)		
• Alimentação; • Energia elétrica; • Serviços prestados com emprego de materiais; • Construção Civil por empreitada com emprego de materiais; • Serviços hospitalares de que trata o art. 30; • Serviços de auxílio diagnóstico e terapia, patologia clínica, imagenologia, anatomia patológica e citopatológia, medicina nuclear e análises e patologias clínicas de que trata o art. 31. • Transporte de cargas, exceto os relacionados no código 8767; • Produtos farmacêuticos, de perfumaria, de toucador ou de higiene pessoal adquiridos de produtor, importador, distribuidor ou varejista, exceto os relacionados no código 8767; e • Mercadorias e bens em geral.	1,2	1,0	3,0	0,65	5,85	6147
• Gasolina, inclusive de aviação, óleo diesel, gás liquefeito de petróleo (GLP), combustíveis derivados de petróleo ou de gás natural, querosene de aviação (QAV), e demais produtos derivados de petróleo, adquiridos de refinarias de petróleo, de demais produtores, de importadores, de distribuidor ou varejista, pelos órgãos da administração pública de que trata o *caput* do art. 19; • Álcool etílico hidratado, inclusive para fins carburantes, adquirido diretamente de produtor, importador ou distribuidor de que trata o art. 20; • Biodiesel adquirido de produtor ou importador, de que trata o art. 21.	0,24	1,0	3,0	0,65	4,89	9060

NATUREZA DO BEM FORNECIDO OU DO SERVIÇO PRESTADO (01)	ALÍQUOTAS				PERCENTUAL A SER APLICADO (06)	CÓDIGO DA RECEITA (07)
	IR (02)	CSLL (03)	COFINS (04)	PIS/PASEP (05)		
• Gasolina, exceto gasolina de aviação, óleo diesel, gás liquefeito de petróleo (GLP), derivados de petróleo ou de gás natural e querosene de aviação adquiridos de distribuidores e comerciantes varejistas; • Álcool etílico hidratado nacional, inclusive para fins carburantes adquirido de comerciante varejista; • Biodiesel adquirido de distribuidores e comerciantes varejistas; • Biodiesel adquirido de produtor detentor regular do selo "Combustível Social", fabricado a partir de mamona ou fruto, caroço ou amêndoa de palma produzidos nas regiões Norte e Nordeste e no semiárido, por agricultor familiar enquadrado no Programa Nacional de Fortalecimento da Agricultura Familiar (Pronaf).	0,24	1,0	0,0	0,0	1,24	8739
• Transporte internacional de cargas efetuado por empresas nacionais; • Estaleiros navais brasileiros nas atividades de construção, conservação, modernização, conversão e reparo de embarcações pré-registradas ou registradas no Registro Especial Brasileiro (REB), instituído pela Lei nª 9.432, de 8 de janeiro de 1997; • Produtos farmacêuticos, de perfumaria, de toucador e de higiene pessoal a que se refere o § 1ª do art. 22, adquiridos de distribuidores e de comerciantes varejistas; • Produtos a que se refere o § 2ª do art. 22; • Produtos de que tratam as alíneas *c* a *k* do inciso I do art. 5ª; • Outros produtos ou serviços beneficiados com isenção, não incidência ou alíquotas zero da Cofins e da Contribuição para o PIS/Pasep, observado o disposto no § 5ª do art. 2ª.	1,2	1,0	0,0	0,0	2,2	8767
• Passagens aéreas, rodoviárias e demais serviços de transporte de passageiros, inclusive, tarifa de embarque, exceto as relacionadas no código 8850.	2,40	1,0	3,0	0,65	7,05	6175

NATUREZA DO BEM FORNECIDO OU DO SERVIÇO PRESTADO (01)	ALÍQUOTAS				PERCENTUAL A SER APLICADO (06)	CÓDIGO DA RECEITA (07)
	IR (02)	CSLL (03)	COFINS (04)	PIS/PASEP (05)		
• Transporte internacional de passageiros efetuado por empresas nacionais.	2,40	1,0	0,0	0,0	3,40	8850
• Serviços prestados por associações profissionais ou assemelhadas e cooperativas.	0,0	1,0	3,0	0,65	4,65	8863
• Serviços prestados por bancos comerciais, bancos de investimento, bancos de desenvolvimento, caixas econômicas, sociedades de crédito, financiamento e investimento, sociedades de crédito imobiliário, e câmbio, distribuidoras de títulos e valores mobiliários, empresas de arrendamento mercantil, cooperativas de crédito, empresas de seguros privados e de capitalização e entidades abertas de previdência complementar; • Seguro-saúde.	2,40	1,0	3,0	0,65	7,05	6188
• Serviços de abastecimento de água; • Telefone; • Correio e telégrafos; • Vigilância; • Limpeza; • Locação de mão de obra; • Intermediação de negócios; • Administração, locação ou cessão de bens imóveis, móveis e direitos de qualquer natureza; • *Factoring*; • Plano de saúde humano, veterinário ou odontológico com valores fixos por servidor, por empregado ou por animal; • Demais serviços.	4,80	1,0	3,0	0,65	9,45	6190

Não estão sujeitos a retenções do imposto de renda e contribuições os seguintes pagamentos:

I – templos de qualquer culto;

II – partidos políticos;

III – instituições de educação e de assistência social, sem fins lucrativos;

IV – instituições de caráter filantrópico, recreativo, cultural, científico e às associações civis;

V – sindicatos, federações e confederações de empregados;

VI – serviços sociais autônomos, criados ou autorizados por lei;

VII – conselhos de fiscalização de profissões regulamentadas;

VIII – fundações de direito privado e a fundações públicas instituídas ou mantidas pelo Poder Público;

IX – condomínios edilícios;

X – Organização das Cooperativas Brasileiras (OCB) e as Organizações Estaduais de Cooperativas;

XI – pessoas jurídicas optantes pelo Regime Especial Unificado de Arrecadação de Tributos e Contribuições devidos pelas Microempresas e Empresas de Pequeno Porte;

XII – pessoas jurídicas exclusivamente distribuidoras de jornais e revistas;

XIII – Itaipu binacional;

XIV – empresas estrangeiras de transportes marítimos, aéreos e terrestres, relativos ao transporte internacional de cargas ou passageiros;

XV – órgãos da administração direta, autarquias e fundações do Governo Federal, Estadual ou Municipal;

XVI – no caso das empresas públicas e economia mista;

XVII – título de prestações relativas à aquisição de bem financiado por instituição financeira;

XVIII – entidades fechadas de previdência complementar;

XIX – título de aquisição de petróleo, gasolina, gás natural, óleo diesel, gás liquefeito de petróleo, querosene de aviação, demais derivados de petróleo, gás natural, álcool, biodiesel e demais biocombustíveis efetuados pelas pessoas jurídicas de direito público;

XX – título de seguro obrigatório de danos pessoais causados por veículos automotores;

Pagamento com retenção apenas do Imposto de Renda e Contribuição Social sobre o lucro líquido, ou seja, não devem ser retidas as contribuições para o PIS e COFINS.

3.4 RETENÇÃO DE ISS

A substituição tributária, instituto jurídico instituído pela EC nº 03/1993, é a denominação dada à situação em que os sujeitos passivos, por força de lei, são responsabilizados por reter o tributo, independentemente de estar o prestador regular ou não com o fisco.

Os Municípios e o Distrito Federal, com supedâneo no art. 128 do CTN, mediante lei, poderão atribuir de modo expresso a responsabilidade pelo crédito tributário a terceira pessoa, vinculada ao fato gerador da respectiva obrigação, excluindo a responsabilidade do contribuinte ou atribuindo-a a este em caráter supletivo do cumprimento total ou parcial da referida obrigação, inclusive no que se refere à multa e aos acréscimos legais (art. 6º, LC nº 116/2003).

Os responsáveis citados no parágrafo anterior estão obrigados ao recolhimento integral do imposto devido, multa e acréscimos legais, independentemente de ter sido efetuada sua retenção na fonte.

São responsáveis pela obrigação tributária principal, de acordo com a Lei Complementar nº 116/2003, os seguintes tomadores de serviços:

I – o tomador ou intermediário de serviço proveniente do exterior do País ou cuja prestação se tenha iniciado no exterior do País;

II – a pessoa jurídica, ainda que imune ou isenta, tomadora ou intermediária dos serviços a seguir descritos:

1. Instalações de andaimes, palcos, coberturas e outras estruturas de uso temporário.

2. Execução, por administração, empreitada ou subempreitada, de obras de construção civil, hidráulica ou elétrica e de outras obras semelhantes, inclusive sondagem, perfuração de poços, escavação, drenagem e irrigação, terraplanagem, pavimentação, concretagem e a instalação e montagem de produtos, peças e equipamentos (exceto o fornecimento

de mercadorias produzidas pelo prestador de serviços fora do local da prestação dos serviços, que fica sujeito ao ICMS).

3. Demolição.

4. Reparação, conservação e reforma de edifícios, estradas, pontes, portos e congêneres (exceto o fornecimento de mercadorias produzidas pelo prestador dos serviços, fora do local da prestação dos serviços, que fica sujeito ao ICMS).

5. Varrição, coleta, remoção, incineração, tratamento, reciclagem, separação e destinação final de lixo, rejeitos e outros resíduos quaisquer.

6. Limpeza, manutenção e conservação de vias e logradouros públicos, imóveis, chaminés, piscinas, parques, jardins e congêneres.

7. Da execução da decoração e jardinagem, do corte e poda de árvores, no caso dos serviços descritos no subitem 7.11 da lista de serviços.

8. Controle e tratamento de efluentes de qualquer natureza e de agentes físicos, químicos e biológicos.

9. Florestamento, reflorestamento, semeadura, adubação e congêneres.

10. Escoramento, contenção de encostas e serviços congêneres.

11. Da limpeza e dragagem, no caso dos serviços descritos no subitem 7.16 da lista de serviços.

12. Onde o bem estiver guardado ou estacionado, no caso dos serviços descritos no subitem 11.01 da lista de serviços.[5]

13. Dos bens ou do domicílio das pessoas vigiados, segurados ou monitorados, no caso dos serviços descritos no subitem 11.02 da lista de serviços.[6]

14. Do armazenamento, depósito, carga, descarga, arrumação e guarda do bem, no caso dos serviços descritos no subitem 11.04 da lista de serviços.[7]

15. Da execução dos serviços de diversão, lazer, entretenimento e congêneres, no caso dos serviços descritos nos subitens do item 12, exceto o 12.13 da lista de serviços.[8]

---

[5] Redação dada pelo Art. 126-C, acrescido ao CTM pelo art. 2º da Lei nº 4.266, de 03.12.2003.

[6] Redação dada pelo Art. 126-C, acrescido ao CTM pelo art. 2º da Lei nº 4.266, de 03.12.2003.

[7] Redação dada pelo Art. 126-C, acrescido ao CTM pelo art. 2º da Lei nº 4.266, de 03.12.2003.

[8] Redação dada pelo Art. 126-C, acrescido ao CTM pelo art. 2º da Lei nº 4.266, de 03.12.2003.

16. Do Município onde está sendo executado o transporte, no caso dos serviços descritos pelo subitem 16.01 da lista de serviços.[9]

17. Do estabelecimento tomador da mão de obra ou, na falta de estabelecimento, onde ele estiver domiciliado, no caso dos serviços descritos pelo subitem 17.05 da lista de serviços.[10]

18. Da feira, exposição, congresso ou congênere a que se referir o planejamento, organização e administração, no caso dos serviços descritos pelo subitem 17.09 da lista de serviços.[11]

19. Do porto, aeroporto, ferroporto, terminal rodoviário, ferroviário ou metroviário, no caso dos serviços descritos pelo item 20 da lista de serviços;[12]

As leis complementares têm como função estabelecer regras para evitar conflito, de modo particular com relação a competência. Entretanto, as operações em que a responsabilidade pelo recolhimento do ISS é da fonte pagadora estão definidas pela Lei Complementar nº 116/03.

Dessa forma, a retenção do ISS nos pagamentos das fontes pagadoras mencionada pela Lei Complementar nº 116/03 é independente da determinação da legislação do município, como também nos casos da contratante dos serviços mencionados, que está obrigada a fazer a retenção do ISS.

Como a competência para legislar sobre o ISS é dos municípios, assim cada ente da Federação poderá aumentar as situações em que é devida a retenção do referido tributo.

---

[9] Redação dada pelo Art. 126-C, acrescido ao CTM pelo art. 2º da Lei nº 4.266, de 03.12.2003.

[10] Redação dada pelo Art. 126-C, acrescido ao CTM pelo art. 2º da Lei nº 4.266, de 03.12.2003.

[11] Redação dada pelo Art. 126-C, acrescido ao CTM pelo art. 2º da Lei nº 4.266, de 03.12.2003.

[12] Redação dada pelo Art. 126-C, acrescido ao CTM pelo art. 2º da Lei nº 4.266, de 03.12.2003.

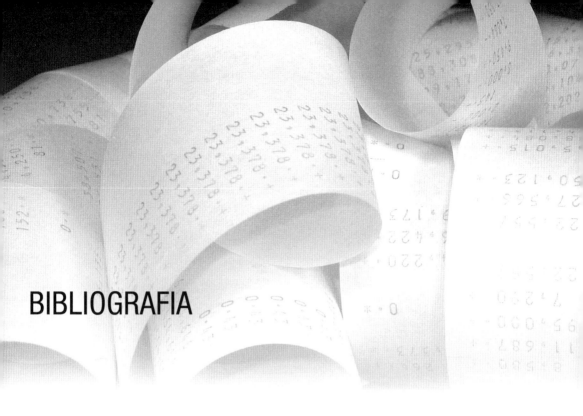

BIBLIOGRAFIA

ANDRADE FILHO, Edmar Oliveira. *Imposto de renda das pessoas jurídicas*. São Paulo: Atlas, 2011.

HARADA, Kiyoshi. *Direito financeiro e tributário*. São Paulo: Atlas, 2006.

HIGUCHI, Hiromi; HIGUCHI, Celso Hiroyuki. *Imposto de renda das empresas*. São Paulo: Atlas, 2007.

MACHADO, Hugo de Brito. *Comentário ao Código Tributário Nacional*. São Paulo: Atlas, 2003. v. I.

MAFON, Manual do Imposto sobre a Renda Retido na Fonte. Ministério da Fazenda 2012. Disponível em: <http://www.receita.fazenda.gov.br/publico/dirf/Mafondirf2012/Mafon2012.pdf>.

MARCHEZIN, Glauco; AZEVEDO, Osmar Reis; CONCÓRDIA, Renato Mendes. *Manual prático de retenção de impostos e contribuições*. São Paulo: IOB Thomson, 2005.

Formato	17 x 24 cm
Tipografia	Charter 11/13
Papel	Offset Sun Paper 90 g/m² (miolo)
	Supremo 250 g/m² (capa)
Número de páginas	152
Impressão	Bartira Gráfica

Cole aqui

Sim. Quero fazer parte do banco de dados seletivo da Editora Atlas para receber informações sobre lançamentos na(s) área(s) de meu interesse.

Nome: _____
_____ CPF: _____ Sexo: ○ Masc. ○ Fem.
Data de Nascimento: _____ Est. Civil: ○ Solteiro ○ Casado

End. Residencial: _____
Cidade: _____ CEP: _____
Tel. Res.: _____ Fax: _____ E-mail: _____

End. Comercial: _____
Cidade: _____ CEP: _____
Tel. Com.: _____ Fax: _____ E-mail: _____

De que forma tomou conhecimento deste livro?
□ Jornal   □ Revista   □ Internet   □ Rádio   □ TV   □ Mala Direta
□ Indicação de Professores   □ Outros: _____

Remeter correspondência para o endereço: ○ Residencial   ○ Comercial

Indique sua(s) área(s) de interesse:

○ Administração Geral / Management
○ Produção / Logística / Materiais
○ Recursos Humanos
○ Estratégia Empresarial
○ Marketing / Vendas / Propaganda
○ Qualidade
○ Teoria das Organizações
○ Turismo
○ Contabilidade
○ Finanças

○ Economia
○ Comércio Exterior
○ Matemática / Estatística / P. O.
○ Informática / T. I.
○ Educação
○ Línguas / Literatura
○ Sociologia / Psicologia / Antropologia
○ Comunicação Empresarial
○ Direito
○ Segurança do Trabalho

Comentários

_____
_____
_____

ISR-40-2373/83

U.P.A.C Bom Retiro

DR / São Paulo

CARTA - RESPOSTA
Não é necessário selar

O selo será pago por:

01216-999 - São Paulo - SP

REMETENTE:
ENDEREÇO: